책과 함께하는
KBS 어린이
독서왕

JN338649

한 권으로 배우는 한국의

역사와 문화 이야기

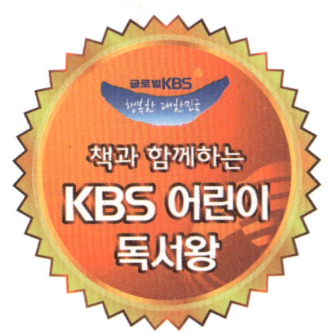

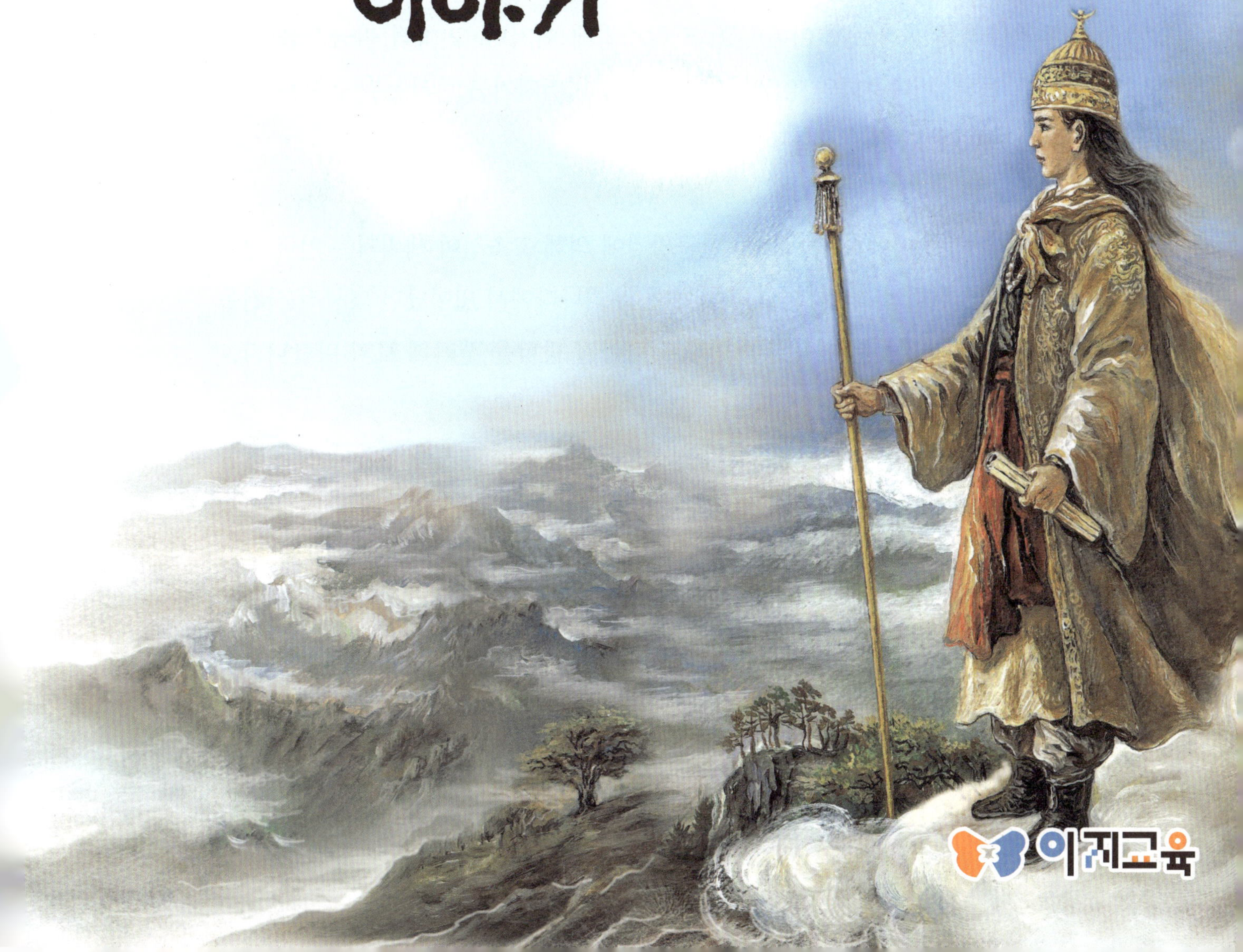

이지교육

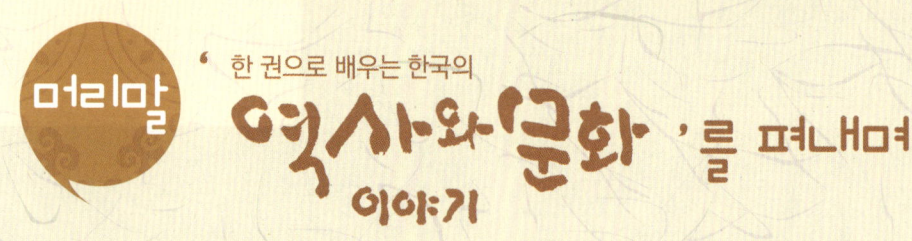

머리말 '한 권으로 배우는 한국의 역사와 문화 이야기'를 펴내며

어린이 여러분!

　사람은 수천년 전의 생활 모습을 직접 경험할 수 없고, 또 사는 동안에 지구상의 모든 지역을 돌아보기 어려운 시간적, 공간적 한계를 극복하기 위해 독서를 통해 간접적으로 지식을 얻게 됩니다.

　이 책은 어린이 여러분이 반만년의 오랜 역사와 찬란한 문화를 자랑하는 우리나라를 올바르게 이해하고, 자랑스럽게 여기며, 민족적 자긍심을 갖게 함은 물론, 민족문화와 정신이 자손만대에 이어지기를 바라는 마음으로 정리하였습니다.

　먼저 '역사 이야기' 편에서는 단군왕검에 의해 고조선이 세워지는 건국 신화에서부터 현대의 역사까지를 살펴보며, 우리나라에서 일어났던 역사적 사건을 통해 과거의 잘못을 거울삼아 미래로 나아갈 방향을 생각해 보기 바랍니다.

　'문화이야기' 편에서는 선조들의 정신과 전통문화의 가치를 이해하고, 찬란한 문화를 계승하고 발전시켜 후손들에게 전할 수 있도록 노력하기 바랍니다.

아울러 근래에 세계적으로 일고 있는 한류붐을 통해 '가장 한국적인 것이 가장 세계적인것'임을 깨닫고, 우리 민족의 무한한 잠재력을 발휘하여 세계사에 길이 남을 문화의 꽃을 피우기 위해 여러분 모두가 노력해 주기 바랍니다.

　여러분!
　지식의 보고인 책 속에 푸~웅덩하고 빠져들어가, 독서를 통해 여러분이 살아가는 데 필요한 정신적 기틀을 닦도록 해보세요.
　더불어 교양있고 지식이 풍부한 삶을 가꿔 자랑스런 대한민국의 미래를 준비하여 세계 속에 우뚝 설 수 있도록 힘써 노력하시기 바랍니다.

　반만년의 찬란한 우리 역사와 문화를 '한 권으로 배우는 한국의 역사와 문화'에 모두 담아, 읽고 이해하기는 어렵겠지만 여러분들이 독서에 흥미를 느끼고 다양한 독서를 통해 지식과 교양을 쌓는데 도움이 될 수 있다면 큰 보람이 되겠습니다.

　끝으로 이 책이 나오기까지 물심양면으로 애써 주신 모든 분들께 감사의 말씀을 전합니다.

2015년 9월

글쓴이

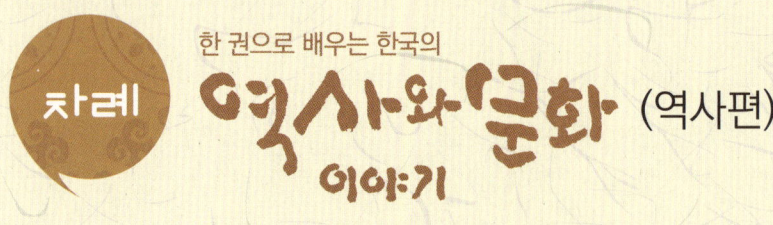

차례
한 권으로 배우는 한국의 역사와 문화 이야기 (역사편)

첫 번째 이야기

우리 민족 최초의 국가, 고조선_16

1. 최초의 나라,
   고조선과 단군왕검 이야기_18

두 번째 이야기

세 나라로 나누어졌어요_24

1. 고구려 이야기_26
   1) 고구려 건국과 주몽 이야기_26
   2) 거대한 나라 건설, 광개토대왕 이야기_33
   3) 살수대첩과 을지문덕 장군 이야기_38

2. 백제 이야기_44
   1) 백제 건국과 온조 이야기_44
   2) 백제의 멸망과 계백장군 이야기_49

3. 신라 이야기_52
   1) 신라의 건국과 박혁거세 이야기_52
   2) 화랑도 이야기_56

4. 발해 건국과 대조영 이야기_58

세 번째 이야기
고려 이야기_62

1. 고려 건국과 고려 태조 왕건 이야기_64
2. 외침을 물리친 선조들의 이야기_69
   1) 거란의 침입_69
   2) 여진 정벌과 별무반_73
   3) 몽골의 7차 침입과 삼별초의 항쟁_74

네 번째 이야기
조선의 건국과 조선 시대 이야기_76

1. 조선의 건국과 이성계 이야기_78
2. 한글과 세종대왕 이야기_84
3. 임진왜란 이야기_90
4. 분열된 국론을 모으기 위해 노력한 영·정조의 탕평책 이야기_96
5. 명성황후 시해와 조선의 멸망_98

다섯 번째 이야기
가까운 역사 이야기_100

1. 독립 선언과 3·1운동 이야기_102
2. 대한민국 임시정부 이야기_106
3. 하나로 되기 위한 우리의 마음가짐_110

한 권으로 배우는 한국의 역사와 문화 이야기 (문화편)

첫 번째 이야기
우리나라 대한민국_128

1. 우리나라의 이름_129
2. 우리나라의 국기_129
3. 우리나라의 국가_130
4. 우리나라의 꽃_130
5. 우리나라의 수도_131
6. 우리나라의 인구·면적_131
7. 우리나라의 국어 – 한글_131
8. 우리나라의 국경일과 국가 기념일, 공휴일_132

두 번째 이야기
우리 선조들의 생각 (전통문화)_134

1. 우리나라의 명절(3대 명절)_135
   1) 설_135
   2) 단오_138
   3) 추석_139

2. 세시풍속 및 잔치_142
1) 정월 대보름(연날리기)_142
2) 동지_143
3) 돌잔치_144
4) 관례(성인식)_145
5) 혼례(결혼식)_145
6) 상례_147
7) 제례_148

3. 우리 선조들의 생각 (한국인의 정신문화)_149
1) 충(사군이충)_149
2) 효_155
3) 생활예절_156
4) 윤리와 도덕_160
5) 우애_161
6) 나눔의 정신(상부상조)_162

4. 한국의 민요_164
1) 대표적인 민요 (아리랑)_164
2) 도라지 타령_166

5. 한국의 멋_167
1) 생활속에 깃든 멋_167
2) 수공예품에 담겨있는 멋_168
3) 농악_169

세 번째 이야기

우리선조들의 생활모습_170

1. 의복문화_171

1) 흰 옷을 즐겨 입은 선조들 (백의민족)_171
2) 계절의 변화에 따른 옷입기_172
3) 신분에 따른 옷입기_173
4) 남.여 성별에 따른 옷입기_174

2. 선조들의 음식문화 (전통 음식에 대해 알기)_175

1) 쌀밥과 젓가락_176
2) 대표음식 - 김치이야기_177
3) 맛있고 영양가 많은 전통음식_181
4) 장_184

3. 우리 선조들이 살던 전통 한옥_187

1) 한옥이란?_187
2) 한옥의 종류_187
3) 한옥의 재료_189
4) 한옥의 구조_189
5) 한옥의 특징_193

네 번째 이야기

자랑스러운 한국, 한국인_194

1. 세계속의 한국인_196
   1) 무명의 영웅들_196
   2) 스포츠 강국 - 대한민국_198
   3) 세계속의 우리의 위상_199
   4) 위대한 한국인_200

2. 한국을 빛낸 기업인들_203
   1) 이건희 삼성그룹 회장_203
   2) 정주영 현대그룹 전 회장_206
   3) 박태준 포항제철 전 회장_209

3. 한국의 자연_212
   1) 국립공원_212
   2) 자연경관_216

4. 한국의 국보와 보물_218
   1) 국보 1호 숭례문_219
   2) 보물 1호 흥인지문_220

5. 한국의 세계유산_222
   1) 종묘_223
   2) 수원화성_224
   3) 조선왕조 실록_226
   4) 직지심체 요절_227
   5) 한글과 '세종대왕 문해상'_228

6. 해결해야 할 문제들_230
   1) 저출산 문제_230
   2) 인구의 고령화 문제_231
   3) 전통문화와 윤리, 도덕 지키기_232

연표_234

맺는말_238

부록 : 독서 길잡이 및 예상문제

大 丈 夫 (대장부)

白頭山石 磨刀盡 백두산석 마도진
백두산의 돌은 칼을 갈아 다 없어지고

豆滿江水 飮馬無 두만강수 음마무
두만강의 물은 말을 먹여 다하리

男兒二十 未平國 남아이십 미평국
남자 나이 스물에 나라를 평안하게 하지 못하면

後世誰稱 大丈夫 후세수칭 대장부
후세에 누가 대장부라 부르리오

남이장군은 조선 세조 때 28세의 나이로 병조판서에 이른 무인으로 평소 남이장군을 시기하던 유자광이 장군의 시구 중 '평'을 '득'으로 고쳐 역모죄를 씌워 젊은 나이에 아깝게 죽었습니다.

젊은 나이에 큰 뜻을 품고 나라와 백성을 위해 힘을 쏟은 장군의 기개는 본 받을만합니다.

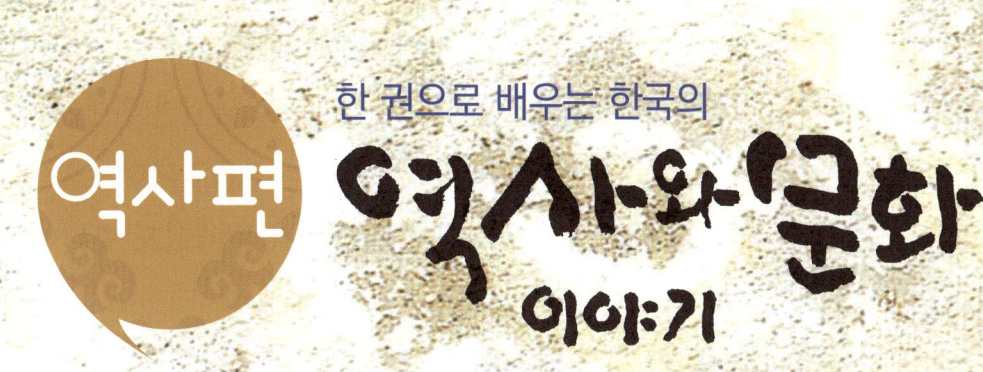

한 권으로 배우는 한국의
역사와 문화
역사편
이야기

머리말 - 역사란 무엇인가?

역사란 과거에 일어났던 여러 가지 일들을 글로 기록한 것입니다.

역사는 우리 선조들이 살아온 일상이 기록으로 남겨져 후대에 전해진 것으로, 현재에도 일어나고 미래에도 일어날 수 있는 일들입니다.

그래서 '역사'를 '과거와 현재의 끊임없는 대화'라고도 합니다.

우리가 역사를 배우고, 또 알아야 하는 이유는 역사공부를 통해 삶의 교훈과 지혜를 얻을 수 있고, 역사적 사실들의 원인과 결과를 통해 생각하는 힘을 키울 수 있으며, 과거를 통해 현재를 바르게 이해하고 미래에 대비할 수 있기 때문입니다.

'한권으로 배우는 문화와 역사이야기'는 우리나라의 고대국가인 '고조선'부터 해방이후 까지를 다루어 여러분이 자랑스러운 배달민족의 후예임을 깨달아 민족적 긍지를 갖게 하고자 하였습니다.

짧게 정리한 책이지만 여러분이 우리 역사의 이해를 통해 미래를 준비하는 지혜를 얻을 수 있기를 기대합니다.

저자 씀

학습 길잡이 — 한권으로 배우는 한국의 역사 이야기

1. 나라가 세워지고 또 멸망하기까지 어떤 일들이 있었는지 그 과정을 생각해 보면서 읽어보세요. (그 속에서 삶의 지혜를 찾아보세요.)

2. 낱말공부를 읽으면 이해가 쉽고, 어휘력 향상에 도움이 됩니다.

3. 한국사 이야기는 역사책입니다.
   무슨 이야기인지 줄거리를 써 보고, 토론해보세요

역사공부는 순서(연대기)별로 건국과정, 시조, 중요사건, 중요인물 등을 살펴가면서 읽으면 쉽게 이해되고 재미있습니다.

역사 공부를 통해 여러분이 세상을 보는 눈이 밝아지며, 삶의 지혜도 얻을 수 있을 것입니다.

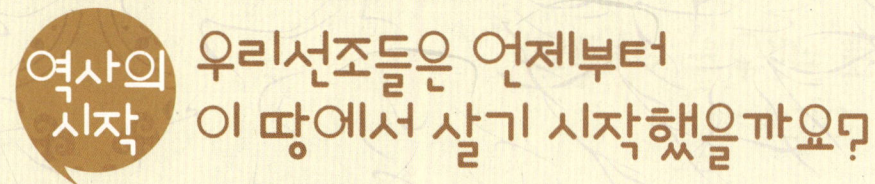

우리 선조들은 지금으로부터 약 70만 년 전부터 이 땅에서 살기 시작했습니다.

그 당시의 사람들은 지능이 낮아 큰 바위에서 돌을 떼어내거나 깨뜨려서 날카로운 부분으로 사냥하고, 짐승의 가죽을 벗겨 몸에 걸치고 동굴에서 생활했습니다.

돌을 이용하여 생활에 필요한 도구를 만들어 사용했던 시대를 '석기시대'라고 하고, 석기시대 중에서도 돌을 떼어내거나 깨뜨려서 사용하던 시대를 '구석기 시대' 또는 '뗀석기 시대'라고 합니다.

많은 세월이 지나면서 인간의 지능이 점점 더 발달하게 되어, 사는 집도 동굴 대신 강가나 바닷가에 '움집'을 짓고 살게 되었으며, 돌을 갈아 날카롭게 하여 생활에 이용하기 시작했습니다.

이때를 구석기(뗀석기)와 구분하여 '신석기 시대' 또는 '간석기 시대'라고 부르며, 유적이나 유물들을 통해 이러한 사실들을 확인할 수 있습니다.

우리 선조들은 이때부터 농사를 짓기 시작했는데, 이것을 '**신석기 혁명**'이라고 합니다. 농사를 짓기 시작하면서부터 한곳에 자리를 잡고 생활하면서 가축을 기르기 시작했고, 나무껍질에서 실을 뽑아 옷을 만들어 입기 시작했습니다.

약 70만 년 동안 계속되어온 동굴에 살거나 사냥을 하며, 이곳저곳으로 떠돌아다니던 생활방식이 바뀌게 된 것입니다.

오랜 세월이 지나면서 사용하는 도구도 끊임없이 발달하게 되었습니다.

돌로 만든 도구는 쉽게 닳아지고 사용하기에도 불편하다는 것을 알게 되면서, 사람들은 구리와 주석이라는 금속을 함께 녹여서 만든 '**청동**'이라는 금속을 이용하여 생활에 필요한 도구를 만들고 무기도 만들었습니다. 이때를 '**청동기 시대**'라고 부릅니다.

그러나 청동 금속은 매우 귀하고 너무 무거워서 무기로 사용하기에는 적당하지 않았으므로, 청동 거울이나 청동 방울 등 신분이 높은 사람들의 장신구로 많이 이용하였습니다.

우리 조상들이 세운 우리 역사상 최초의 나라인 고조선은 청동기 문화를 바탕으로 세워졌습니다.

첫 번째이야기

우리 민족 최초의 국가, 고조선

1. 최초의 나라, 고조선과 단군 이야기

여러분!
 책에는 이전에 여러분이 알지 못했던 재미있는 이야기들이 많이 담겨 있으며 다양한 지식이 여러분을 기다리고 있습니다.

 어느 민족이나 자기 민족의 우월성을 알리기 위해 '신화'를 가지고 있습니다. '신화'에는 날개 달린 사람도 나오고, 힘이 매우 센 사람, 또 하느님의 아들이라는 사람도 나옵니다.
 우리나라도 하느님의 아들인 '환웅'이 곰에서 인간으로 변한 '웅녀'와 결혼하여 낳은 '단군'이 '고조선을 세웠다'는 단군신화가 전해지고 있습니다.

 사실은 '다른 지역에서 이주해온 환웅의 부족 세력이 당시에 곰을 숭배하는 토착세력과 합했다.'라는 뜻이 있습니다.
 이것은 우리 민족이 '하느님의 자손'이라는 민족의 우월성을 나타내기 위한 이야기로 실제와는 차이가 있지요.

 신화와 역사는 때로는 일치하기도 하고, 때로는 아무런 상관이 없는 듯하면서 서로 연관을 맺으며 민족에게 자긍심을 갖게 합니다.

 자! 이제 고조선은 누구에 의해서 언제, 어디에 세워졌으며, 당시에 어떤 일들이 있었는지, 알아보도록 할까요?

01 최초의 나라, 고조선과 단군 이야기

아주 오래전 옛날, 지금으로부터 4,300여 년 전이었습니다.

하늘나라를 다스리는 하느님께는 *환웅이라는 아들이 있었습니다.

환웅에게는 인간 세상에 내려가 '인간을 널리 *이롭게 하고자' 하는 큰 뜻이 있었습니다.

'인간을 이롭게 하는 정신'이 바로 단군이 고조선을 세울 때 내세웠던 '*홍익인간' 정신이랍니다.

하느님은 "훌륭한 생각이다." 하시면서 바람을 다스리는 신인 풍사(風師), 구름을 다스리는 신인 운사(雲師), 그리고 비를 다스리는 신인 우사(雨師)를 함께 보내 환웅을 돕게 하였습니다.

> **Tip** 풍사, 운사, 우사 등은 당시 고조선이 농사를 짓고 사는 농업사회였음을 알 수 있게 해 줍니다.

낱말공부

- ***환웅** : 하느님의 아들. 고조선을 세운 단군왕검의 아버지
- ***홍익인간** : 널리 인간을 이롭게 함. 고조선 건국이념
- ***이롭다** : 이익이 있다.
- ***신단수** : 환웅이 처음 하늘에서 그 밑으로 내려왔다는 신성한 나무
- ***신시** : 환웅이 백두산 신단수 아래 세웠다는 도시

환웅은 세 명의 신과 3,000명의 신하를 거느리고 태백산(지금의 백두산) '*신단수'라는 나무 아래에 자리를 잡았습니다.
"이곳은 신성한 곳이니 *신시라고 한다."
환웅은 그곳을 신시라 부르고 사람들을 모아 다스리며 농사짓는 방법을 가르치고, 병이 나면 치료도 해주며 약도 주었습니다.
착한 일을 한 사람에게는 상을 주고 나쁜 일을 한 사람에게는 벌을 주니, 사람들은 모두 즐겁고 행복하게 살았습니다.

그러던 어느 날, 인간세상을 훔쳐보고 있던 곰과 호랑이는
"저 사람들 좀 봐. 집을 짓고 가족들과 함께 오손도손 사이좋게 음식을 나누어 먹고 있잖아!"
"우리 짐승들처럼 서로 자기만 먹겠다고 싸우지도 않네."
"빼앗지도 않고, 으르렁거리지도 않고……."
"아, 사람들 사는 세상이 부럽다!"
곰과 호랑이는 환웅이 다스리는 인간세상이 부러워 사람이 되고 싶었습니다. 그래서 환웅을 찾아가 부탁을 했습니다.

"저희도 환웅님께서 다스리는 인간 세상에서 살고 싶습니다. 사람이 되게 해주십시오."
그러자 환웅은 마늘 스무 개와 쑥 한 바구니를 주면서 말했습니다.
"너희 소원을 들어주겠다. 100일 동안 햇볕이 들지 않는 동굴 속에서 이 쑥 한 바구니와 마늘 스무 개만 먹고 열심히 기도해라. 그러면 사람이 될 것이다."
"예, 그렇게 하겠습니다."

곰과 호랑이는 환웅과 약속하고 동굴 속으로 들어갔습니다.
하루, 이틀이 지나자 곰과 호랑이는 마늘과 쑥만 먹고 캄캄한 동굴 속에서 지내는 것이 너무나 힘들었습니다.
일주일이 지났을 때, 성질 급한 호랑이는 어둠과 배고픔을 참지 못하고 굴 밖으로 뛰쳐나가고 말았습니다.

 **낱말공부**

*웅녀 : 단군 신화에 나오는 단군의 어머니. 곰이 사람으로 변하여 여자가 되었음
*총명 : 보거나 들은 것을 오래 기억하는 힘이 있음
*단군왕검 : 우리나라 최초의 국가인 고조선을 세운 시조

곰은 함께 있던 호랑이가 나가버리고 혼자 있게 되자 더욱 힘들었습니다. 그러나 곰은 마음을 더욱 굳게 하고 끝까지 참고 견뎌냈습니다.

'사람이 될 수 있다면 배고픔도 참을 수 있어. 어둠도 참을 수 있어. 그 어떤 고통도 참을 거야!'

그렇게 하루하루가 흘러 드디어 약속한 100일이 되자, 곰은 아름다운 처녀로 변했습니다.

사람들은 쑥과 마늘만을 먹고 백일 동안 참고 견딘 곰을 대단하게 생각했습니다. 또한, '곰이었는데 여자로 변했다' 하여 '*웅녀'라고 부르며 공손하게 대했습니다.

웅녀는 마음씨가 착하고 *총명하였습니다.

환웅은 웅녀와 결혼했습니다.

얼마 후, 환웅과 웅녀 사이에서 예쁜 아기가 태어났으니, 이 아기가 바로 고조선을 세운 '*단군왕검'입니다.

'단군'이라는 이름은 '백두산 단목 밑에서 태어났다' 하여 지은 이름으로 하늘에 제사를 지내는 신성한 사람, 즉 *제사장이라는 뜻이기도 합니다.

이때에는 왕이라는 말이 없었기 때문에, 사람들은 왕의 뜻을 지닌 '왕검'이라는 말을 붙여 '단군왕검'이라고 불렀습니다.

단군은 평양에 나라를 세우고 나라 이름을 '조선'이라고 불렀습니다.

이때가 *기원전 2,333년입니다.

"단군왕검 만세! 조선 만세!"

사람들은 기쁨에 넘쳐, 소리 높여 만세를 외쳤습니다.

이 '조선'이 최초의 우리나라이고, 단군은 시조, 즉 최초로 나라를 세우신 할아버지랍니다.

단군의 후손들은 1,500년 동안 나라를 다스렸습니다. 이 나라는 훗날 태조 이성계가 세운 조선과 구별하기 위해 '*고조선'이라고 하였습니다.

한편 중국의 '한서'라는 책에 전해지는 바로는 고조선은 8개의 법(8조 금법)으로 나라를 다스렸다고 하는데, 현재는 그중 3개 조항만 전해지고 있습니다.

첫째 – 사람을 죽인 자는 사형에 처한다.

이를 통해 고조선 사회는 사람의 목숨을 소중히 여겼다는 것을 엿볼 수 있습니다.

둘째 – 남을 다치게 한 자는 곡식으로 보상한다.

곡식(식량)으로 보상한다는 내용으로 볼 때, 당시 고조선 사회가 농사를 짓는 농경 사회였음을 알 수 있습니다.

낱말공부

*제사장 : 제사를 지내는 것을 맡아 관장하는 사람 중 우두머리
*기원전 : 기원 원년 이전. 예수가 태어난 해를 원년으로 하는 서력 기원의 앞   *고조선 : 단군이 세운 우리나라 최초의 나라
*일연 : 고려 시대의 승려 (1206 ~ 1289) 삼국유사를 쓴 사람   *삼국유사 : 고려 충렬왕 11년에 쓰인 우리나라 최초의 역사책

셋째 - 남의 물건을 훔친 자는 노예로 삼는다.
그 죄를 면하기 위해서는 50만 전을 내놓아야 한다.

이 조항을 통해 고조선 사회는 사유재산제도(개인의 재산)와 화폐(돈)를 사용했으며, 노예가 존재하는 계급사회였다는 것을 알 수 있습니다.

이처럼 고조선은 농사를 지으며 사람의 목숨을 중히 여기는 매우 인간적인 나라였음을 알 수 있습니다.

하지만 오늘날은 어떻습니까?
나쁜 범죄가 판을 치고 있으며 수많은 법률로도 사회의 혼란을 막지 못하고 있습니다.
여러분은 사람과 자연을 아끼며 더불어 살아 온 선조들의 지혜를 본받아, 이웃을 존중하고 사랑하는 삶의 자세를 갖도록 해야 하겠습니다.

이 이야기는 너무나 오래되어서 입에서 입으로만 전해져 오다가, 고려 시대 *일연 스님이 *삼국유사에 단군이야기를 쓰면서 널리 알려지게 되었습니다.

두 번째이야기

세 나라로 나누어졌어요

1. 고구려 이야기

2. 백제 이야기

3. 신라 이야기

4. 발해 건국과 대조영 이야기

단군 할아버지가 세운 고조선이 멸망한 후에 옛 고조선 땅에는 여러 나라가 세워졌습니다. 그 중 고구려, 백제, 신라 세 나라로 나뉘어 한반도를 통치했던 시기를 '**삼국시대**'라고 합니다.

세 나라는 단군 할아버지의 자손으로 같은 핏줄이었으나, 때로는 서로 싸우기도 하고, 때로는 서로 돕기도 하면서 발전을 거듭하였습니다.
고구려와 백제, 신라는 각각 독립된 문화를 꽃피웠으며 668년 세력이 강해진 신라가 고구려와 백제를 멸망시키고 통일을 하게 되었습니다. 이 시기를 '**통일 신라 시대**'라고 합니다.

신라는 통일을 이룬 후 찬란한 민족문화를 꽃피웠으며, 특히 불교문화 쪽에 큰 발전을 이룩하게 됩니다.
그러나 역사에서 영원한 것은 없습니다. 외국과의 무역도 활발히 하여 부강했던 통일신라도 다시 후고구려, 후백제로 나뉘게 되었는데, 이 시기를 '**후삼국 시대**'라고 합니다.

한반도에 많은 나라가 세워지고 멸망하는 과정을 공부해가며, 여러분은 앞으로 어떻게 살아가야 하는지 방향을 생각해 보기 바랍니다.

01 고구려 이야기

1) 고구려 건국과 주몽 이야기

　단군 할아버지가 세운 고조선이 끝나갈 무렵 여러 나라가 세워졌는데, 그 중 하나인 *동부여의 금와왕이 어느 날 사냥을 나갔습니다.
　왕이 말에게 물을 먹이려고 강가로 갔다가 아름다운 처녀가 혼자 앉아 있는 것을 보고 다가가서 물었습니다.
　"아가씨! 아가씨는 누구이며, 어찌하여 이런 곳에 혼자 와 있는 것이오?"
　"저는 압록강가에 살고 있는 *하백의 딸 유화라고 합니다."
　아가씨가 공손히 대답했습니다.

　하백은 물을 다스리는 신의 이름입니다.
　하백에게는 세 딸이 있었는데, 큰딸이 유화였습니다.
　어느 무더운 여름날, 유화는 동생들을 데리고 골짜기의 *개울에서 목욕을 하고 있었습니다. 이때 한 남자가 나타나 자신을 하느님의 아들 *해모수라고 소개했습니다.

 낱말공부

*동부여 : 해부루가 북부여에서 나와 59년에 부여의 동쪽 두만강 유역에 세운 나라
*하백 : 물을 맡아 다스린다는 신
*개울 : 골짜기나 들에 흐르는 작은 물줄기
*해모수 : 하느님의 아들로 하백의 딸 유화와 사통하여 고구려의 시조 주몽을 낳았다고 한다.
*낯선 : 전에 본 기억이 없어 익숙하지 않은
*사정 : 일의 형편이나 그렇게 된 까닭

해모수는 곧 유화의 아름다움에 이끌려 둘은 서로 사랑에 빠지게 되었습니다. 그러나 해모수는 어느 날 갑자기 사라진 후 영영 돌아오지 않았습니다. 이때, 일을 보러 멀리 떠났다가 집에 돌아온 유화의 아버지 하백은 유화가 자신도 모르게 *낯선 남자와 사랑을 한 것을 알았습니다.

"부모의 허락도 받지 않고 낯선 남자와 사랑을 하다니 집안의 수치다. 당장 집에서 나가거라!"

하백은 몹시 화가 나서 유화를 집에서 쫓아냈습니다.

이렇게 집에서 쫓겨난 유화는 갈 데가 없어 압록강 근처를 헤매다가 금와왕을 만나게 된 것입니다.

왕은 유화가 집에서 쫓겨난 이야기를 듣고 딱한 생각이 들었습니다.

"*사정이 매우 딱하게 되었구나. 나와 함께 동부여로 가서 사는 것이 어떻겠느냐?"

"예, 그렇게 하겠습니다."

유화는 금와왕을 따라나섰습니다.

유화가 동부여로 온 그날부터 유화가 있는 곳에 햇빛이 비치더니 유화의 배가 점점 불러오기 시작했습니다. 그리고 얼마 지나지 않아 유화는 커다란 알을 낳았습니다.

금와왕은 유화가 알을 낳았다는 말을 듣고 매우 놀랐습니다.

"어찌 사람이 알을 낳는단 말이냐? 이는 불길한 징조이니 당장 갖다 버리도록 하여라."

금와왕은 알을 *돼지우리에 버리라고 했습니다.

그러나 이상하게도 돼지들이 그 알을 밟지 않고 피해 다니는 것이었습니다.

"그 알을 길거리에다 내다 버려라!"

신하들이 돼지우리에서 알을 꺼내어 길에 갖다 버렸으나, 거리를 지나가는 소나 말까지도 알을 피해 다녔습니다.

화가 난 금와왕은 이번에는 그 알을 들판에 내버리라고 명령했습니다.

알을 들판에 버리자, 신기하게도 새들이 날아와서 알을 지키며 따뜻하게 *품어 주었습니다.

마지막에는 알을 깨뜨려 버리려고 하였으나, 알은 깨지지 않았습니다.

금와왕은 하는 수 없이 그 알을 다시 유화에게 돌려주었습니다.

유화부인은 알을 따뜻한 곳에 놓아두고 *정성을 다해 보살폈습니다.

그러자 얼마 후 알에서 사내아기가 태어났습니다.

아기가 무럭무럭 자라서 일곱 살이 되었을 때는 활을 쏘아 파리를 잡을 정도로 활 쏘기 실력이 뛰어났습니다.

 **낱말공부**

*돼지우리 : 돼지를 가두어 기르는 곳
*품어주다 : 가슴에 따뜻하게 안아주다
*정성 : 온갖 성의를 다하려는 참된 마음
*무예 : 검술과 궁술 등 무술에 관한 재주
*왕자 : 임금의 아들
*시기 : 샘하여 미워함

"이 아이는 보통 아이가 아니다."

유화 부인은 아이 이름을 '주몽'이라고 지었습니다. 동부여에서는 활을 아주 잘 쏘는 사람을 주몽이라 하였기 때문입니다.

금와왕도 총명하고 활을 잘 쏘며 *무예에 뛰어난 주몽을 누구보다 사랑했습니다. 그래서 *왕자로 삼았습니다.

금와왕에게는 일곱 명의 왕자가 있었는데, 이들은 재주도 많고 활도 잘 쏘는 주몽을 *시기했습니다.

　어느 날, 첫째 왕자 대소는 다른 왕자들과 함께 주몽을 없애기로 하였습니다. 이 사실을 알게 된 유화부인은 주몽에게 말했습니다.
　"왕자들이 모두 너를 죽이려고 한다. 네 재주라면 어디에 가서라도 큰일을 할 수 있을 것이다. 어서 멀리 도망가거라."
　주몽은 어머니의 말씀을 듣고, 자기를 따르는 '오이, 마리, 협보'라는 세 청년을 불러 놓고 말했습니다.
　"일곱 왕자가 나를 해치려고 한다. 이곳을 떠나야겠다."
　"어디로 가실 생각이십니까?"
　"남쪽으로 내려가 나라를 세워 큰일을 해 보고 싶구나. 나하고 같이 가서 큰일을 해보지 않겠느냐?"
　"예, 저희는 주몽 왕자님을 따르겠습니다."

　이렇게 하여 주몽은 이들 세 사람과 함께 도망을 쳤습니다.
　주몽이 없어진 것을 안 대소 왕자는 군사들과 함께 주몽을 쫓았습니다.
　주몽은 대소 왕자와 군사들에게 쫓기며, 지금의 압록강 가에 이르렀습니다.

낱말공부

* **해모수** : 천제(하느님)의 아들
* **외손자** : 딸이 낳은 아들
* **자라** : 거북이와 비슷하게 생긴 물에 사는 동물
* **뗏목** : 나무를 엮어 물에 띄워 물건을 운반하는 물건

강에는 배 한 척 없었습니다. 당장 강을 건너지 못하면 군사들에게 잡혀 죽을 수밖에 없었습니다. 그때, 주몽은 강가에 다가가 하늘을 향해 큰소리로 외쳤습니다.

"나는 *해모수의 아들이며, 하백의 *외손자다. 내가 강을 건널 수 있게 도와다오."

그러자 신기하게도 물속에서 수많은 물고기와 *자라들이 강물 위로 올라와 *뗏목처럼 이어져 길을 만들어 주었습니다.

주몽과 세 사람은 물고기와 자라의 도움으로 무사히 강을 건널 수 있었습니다.

그렇게 주몽과 세사람은 '졸본'에 이르게 되어 나라를 세웠습니다. 나라 이름을 '고구려'라 하고, 주몽의 성도 '고(高)'씨로 바꿨습니다. 이때가 *기원전 37년, '주몽'의 나이 22세 때였습니다. 주몽은 영리하고 *대범하여, 영웅적인 *기개를 갖춘 인물이었습니다. 이러한 주몽에게 '*소서노'와 많은 백성들이 따랐습니다 고구려와 고주몽의 이름은 '떠오르는 해'처럼 사방으로 빛을 발했습니다. 그래서 훗날 사람들은 고주몽을 '*동명성왕'이라고 부르게 되었습니다.
　고주몽이 세운 고구려는 우리나라 역사상 중국과 비슷할 정도로 가장 크고 강력한 나라가 되었습니다.

낱말공부

*기원전 : 예수가 태어난 해를 기준으로, 예수가 태어나기 이전
*대범 : 성격이나 태도가 사소한 것에 얽매이지 않으며 너그럽다
*기개 : 씩씩한 기상과 굳은 절개
*소서노 : 졸본 부여의 공주, 도망쳐온 청년 주몽과 함께 고구려를 세운 여장부, 백제를 세운 온조의 어머니
*동명성왕 : 고구려(高句麗)의 시조
*환도성 : 중국 지린성 지안현에 있는 고구려의 성
*연나라 : 연(燕)은 중국 춘추 전국 시대의 전국 칠웅 가운데 하나이다
*치욕 : 수치와 모욕을 아울러 이르는 말

2) 거대한 나라 건설, 광개토대왕 이야기

광개토대왕은 서기 374년 고구려 고국양왕의 아들로 태어났으며, 어렸을 때의 이름은 '담덕'이었습니다.

담덕은 '어질고 큰 덕을 지닌 사람'이라는 뜻이었습니다.

어려서부터 활쏘기와 말타기 등 무예가 뛰어난 담덕 왕자는 13세에 태자가 되었습니다.

어느 날, 고국양왕은 태자가 된 담덕을 데리고 고구려의 수도인 *환도성 위에 올라 남쪽을 가리키며 말했습니다.

"저곳 평양성에서 네 할아버지이신 고국원왕이 백제군에 의해 돌아가셨다. 백제를 멸망시켜야 한다."

그리고 다시 서북쪽을 보며 말했습니다.

"저 북쪽에 있는 중국의 *연나라는 우리 고구려의 수도 환도성까지 쳐들어와 많은 사람을 죽이고 피해를 주었으니 이 *치욕을 꼭 갚아야 한다.

이 두 가지를 마음에 새겨 두도록 하여라."

"예, 아버님. 마음에 깊이 새기고 반드시 실천하겠습니다."

    고국양왕이 왕위에 오른 지 8년 만에 세상을 뜨자, 담덕 태자는 18세의 젊은 나이로 고구려의 19번째 왕이 되었습니다. 이분이 우리나라 역사상 가장 강하고 넓은 나라를 건설한 위대한 '광개토대왕'입니다.

    광개토대왕은 '*영락'이라는 *연호를 사용했는데, 이는 우리나라 최초의 *독자적인 연호입니다. 독자적인 연호를 사용함으로써 중국과 대등하다는 것을 널리 알리고 땅을 넓히기 시작했습니다. 광개토대왕은 왕위에 오르자마자 '강한 고구려를 만들겠다.'는 커다란 꿈을 가지고 차근차근 준비해갔습니다.

    먼저 말을 많이 사들이고, 좋은 무기를 만들었으며, 군사를 모집해 강하게 훈련 시켰습니다. 곧 10만 *대군이 되었습니다.

    광개토대왕은 군사 5만은 나라를 지키게 하고, 나머지 5만은 직접 이끌고 남으로 내려가 백제를 공격했습니다.

    백제는 *용맹하고 훈련이 잘된 고구려군을 당해낼 수가 없었습니다.

    고구려가 한강을 차지하고 계속 남으로 내려가자 결국 백제는

"앞으로는 신하의 나라로서 고구려를 섬기겠습니다. 다시는 고구려를 *침공 하지 않겠습니다." 라며 *항복하고 말았습니다.

    백제를 굴복시킨 광개토대왕은 *왜나라의 침략에 시달리던 신라가 구원을 요청하자, 5만 대군을 보내 신라를 도와 왜군을 몰아냈습니다.

    고구려가 신라를 도와 왜군을 몰아내는 사이에 고구려 서북쪽에 있던 후연(중국의 한 나라)이 쳐들어왔습니다.

    광개토대왕은 다시 군사를 이끌고 후연을 공격했습니다. 그리고 계속해서

낱말공부

- ***영락** : 고구려 광개토왕의 연호
- ***연호** : 해의 차례를 나타내기 위하여 붙이는 이름
- ***독자적인** : 남에게 기대지 아니하고 혼자서 하는
- ***대군** : 병사의 수가 많은 군대
- ***용맹** : 용감하고 사나움
- ***침공** : 다른 나라를 침범하여 공격함
- ***항복** : 적이나 상대편의 힘에 눌리어 굴복함
- ***왜나라** : 일본

북으로 땅을 넓혀 나갔습니다. 주변에 있는 많은 나라는 강력한 고구려군의 상대가 되지 못했습니다.

이처럼 광개토대왕은 여러 나라와의 전쟁에서 승리를 거두며 강한 나라로 자리를 잡았습니다.

광개토대왕은 동쪽의 동부여를 쳐서 만주 지역을 통일하기로 했습니다.

410년, 광개토대왕은 동부여로 쳐들어갔습니다.

"충성스런 고구려군이여! 나와 함께 더 넓은 세계로 나가 고구려의 *위상을 떨치자!"

"와! 고구려 만세! 광개토대왕 만세!"

고구려군의 사기는 하늘을 찌를 듯했습니다.

동부여 왕은 강력한 고구려군의 *상대가 될 수 없다는 것을 알고 스스로 성문을 열고 항복하고 말았습니다.

그러자 동부여 주변의 여러 부족도 앞다투어 고구려에 항복하였습니다.

이렇게 해서 고구려는 요동 지역의 모든 땅을 차지하여 만주 지방의 주인이 되었습니다. 이로써 광개토대왕은 남쪽과 북쪽의 *영토를 우리나라 역사상 가장 크게 넓힌 왕이 되었습니다.

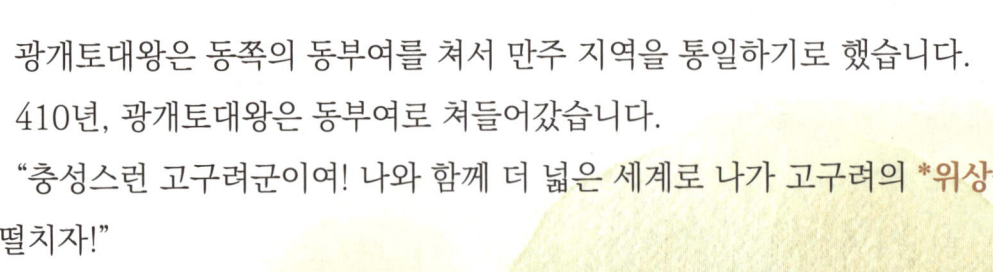

그토록 위대한 업적을 세운 광개토대왕은 아쉽게도 413년, 39세의 젊은 나이로 세상을 떠났습니다. 왕위에 오른 지 22년 만이었습니다. 광개토대왕은 왕위 22년 대부분을 나라를 넓히기 위해서 전쟁터에서 보내다가 병을 얻어 숨진 것입니다.

414년에 뒤를 이은 그의 아들 장수왕이 중국의 지린성 지안현의 국내성 동쪽 언덕에 거대한 *비석을 세워 광개토대왕의 뛰어난 *업적을 기렸습니다. 그 비에는 다음과 같은 글귀가 쓰여 있습니다.

은혜로운 혜택을 하늘에서 받으시어
위엄 있는 무력을 *사해에 떨치노라
나쁜 무리를 쓸어서 제거하시니
뭇사람이 편안하게 생업에 종사하도다.
나라가 부유해지고 백성이 잘살아
온갖 곡식이 풍성하게 익었도다.

광개토라고 하는 그의 이름처럼 땅을 넓게 개척한 왕으로 역사에 길이 빛나고 있는 광개토대왕은 우리 민족의 자랑이요, *긍지로 우리의 마음속에 살아 있습니다.

광개토대왕비

낱말공부

- **위상** : 어떤 사물이 다른 사물과의 관계 속에서 가지는 위치나 상태
- **상대** : 서로 겨룸. 또는 그런 대상
- **영토** : 국가의 통치권이 미치는 구역
- **비석** : 돌로 만든 비
- **업적** : 어떤 사업이나 연구 따위에서 세운 공적
- **사해** : 사방의 바다, 온 세상
- **긍지** : 자신의 능력을 믿음으로써 가지는 당당함, 보람

3) 살수대첩과 을지문덕 장군 이야기

고구려는 세력을 키우는 동안 수없이 많은 전쟁을 치뤘습니다. 그 가운데서도 중국의 수나라와 당나라와의 전쟁은 유명했습니다. 먼저 수나라와 고구려의 전쟁 이야기입니다.

589년, 중국을 통일한 수나라는 30만 대군을 이끌고 고구려로 쳐들어왔습니다. 그러나 *장마와 *전염병이 돌아 병사들이 아프고 죽어가자 싸워보지도 못하고 스스로 물러갔습니다.

을지문덕 장군은 수나라가 비록 스스로 물러갔지만, 다시 쳐들어올 것이라고 *예상하고 침략에 대비했습니다.

"성벽을 더 튼튼히 쌓고, 병사들을 더 강하게 훈련시켜라!"

을지문덕은 *문무와 *지략과 *용맹을 두루 *겸비한 역사상 보기 드문 위대한 장군이었습니다.

그는 수나라의 공격에 대비해 모든 준비를 다하고 있었습니다.

을지문덕이 예상한 대로 612년, 수나라는 113만에 이르는 어마어마하게 많은 군사를 이끌고 다시 침략해 왔습니다.

"고구려의 수도 평양성을 치기 위해서는 먼저 요동성을 빼앗아야 한다. 요동성을 공격하라!"

낱말공부

*장마 : 여름철에 여러 날을 계속해서 비가 내리는 현상이나 날씨
*전염병 : 전염성을 가진 병들을 통틀어 이르는 말
*예상 : 어떤 일을 직접 당하기 전에 미리 생각하여 둠
*문무 : 학문과 무예를 아울러 이르는 말
*지략 : 어떤 일이나 문제의 해결 대책을 능숙하게 세우는 뛰어난 슬기와 계략
*용맹 : 용감하고 사나움

*겸비 : 두 가지 이상을 아울러 갖춤
*맹렬하게 : 기세가 몹시 사납고 세차게
*함락 : 적의 성, 요새, 진지 따위를 공격하여 무너뜨림
*길목 : 큰길에서 좁은 길로 들어가는 어귀
*피신 : 위험을 피하여 몸을 숨김
*우쭐하여 : 의기양양하여 뽐내다
*유인 : 주의나 흥미를 일으켜 꾀어냄

수나라는 요동성을 포위하고 *맹렬하게 공격했으나 몇 달이 지났는데도 이길 수가 없었습니다.

수나라 왕은 우문술과 우중문을 불러 명령을 내렸습니다.

"요동성을 쉽게 무너뜨릴 수 없을 듯하오. 두 장군은 30만 군사를 주겠으니 고구려의 수도 평양성을 *함락시켜 고구려의 항복을 받으시오."

우중문과 우문술은 30만 대군을 거느리고 요동성을 돌아 압록강으로 향하였습니다.

을지문덕은 미리 수나라 군대가 내려오는 *길목에 사는 백성을 모두 *피신시켰습니다.

또, 수나라군이 공격해 오면 거짓으로 패한척하며 적을 고구려 영토안으로 깊숙이 *유인했습니다.

싸움에서 매번 승리하자 수나라군은 *우쭐하여 승리감에 가득 차 진격해 들어왔습니다.

　그러나 먼 데서 왔고 먹을 것이 부족했던 수나라 병사들은 굶주림에 지쳐 있었습니다.
　이를 알고 있는 다른 고구려의 장군들이 입을 모아 을지문덕 장군에게 말했습니다.
　"장군님, 지금 수나라 군대를 공격하면 이길 수 있습니다."
　그러나 *병법에 능한 을지문덕 장군은 수나라 군사가 너무 많아서 *섣불리 공격하는 것은 위험할 수 있다고 생각했습니다.
　"우리 군사는 적고 수나라 군사는 너무나 많소. 우리는 단 한 번만 실수해도 나라가 망할 수 있소. 적의 *약점을 정확히 알아야 하오. 내가 직접 수나라 *진영에 들어가 알아보겠소."
　일찍이 총대장으로서 부하를 시키지 않고 스스로 적의 진영으로 직접 간 경우는 없었습니다. 을지문덕 장군은 이처럼 용감하고 희생정신이 뛰어난 장군이었습니다.
　장군은 적진으로 갈 때 거짓으로 *항복문서를 만들어 가지고 갔습니다.
　"항복하겠다고? 정말인가?"
　수나라 장군 우중문과 우문술은 너무나 기뻐서 항복문서를 쳐다보며 말했습니다.
　을지문덕은 재빠르게 수나라 진영을 살펴보았습니다.
　수나라 군사들은 기운이 하나도 없어 보였습니다. 피로와 배고픔에 지쳐 있다는 것을 알 수 있었습니다.

 ### 낱말공부

*병법 : 군사를 지휘하여 전쟁하는 방법
*섣불리 : 솜씨가 설고 어설프게
*약점 : 모자라서 남에게 뒤떨어지거나 떳떳하지 못한 점
*진영 : 군대가 진을 치고 있는 곳
*항복 : 적이나 상대편의 힘에 눌리어 굴복함
*유인 : 주의나 흥미를 일으켜 꾀어냄

적장은 글만 가지고는 항복을 인정할 수 없으니 고구려왕이 직접 와서 무릎 꿇고 항복을 하라고 했습니다.

"알겠소. 우리 왕께 그렇게 전하겠소."

을지문덕은 이미 적의 약점을 파악했기 때문에 서둘러 수나라 진영을 빠져나왔습니다.

그리고 고구려 군사들 앞에 서서 말했습니다.

"용감한 고구려 병사들이여! 조국은 여러분의 손에 달려있다! 수나라 병사들은 멀리 와서 몹시 지쳐 있다. 식량도 부족해 굶주려 있다. 따라서 적들은 성급하게 공격할 것이다. 이때를 놓치지 말고 침착하게 적을 유인한 뒤 공격하면 승리는 우리의 것이 될 것이다."

"와! 고구려 만세! 을지문덕 장군 만세!"

고구려 군사들의 사기는 하늘을 찌를 듯 높았습니다.

을지문덕 장군의 생각대로 적들은 성급하게 공격하기 시작했습니다.

고구려 군사들은 하루에 일곱 번 싸워 일곱 번 패하며 수나라군을 계속 *유인 했습니다. 수나라 군대가 살수(지금의 청천강)를 건너 평양성 밖 30리 근처에 다다랐습니다. 을지문덕 장군이 적을 유인 하기로 한 곳까지 수나라군이 온 것입니다.

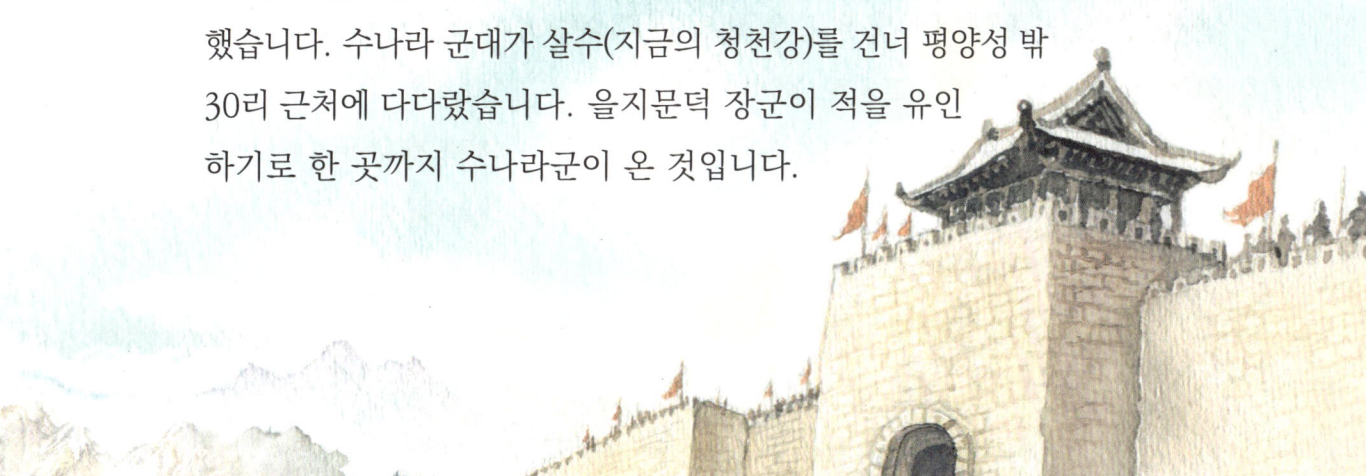

이때, 을지문덕은 우중문과 우문술에게 시 한 편을 지어 보냈습니다.

**귀신같은 그대의 전술은 하늘에 닿았고
절묘한 책략은 땅에 통달하였소.
전쟁에 승리한 공이 이미 드높으니
만족함을 알고 인제 그만 그치기를 바라노라.**

이 시가 역사적으로 유명한 을지문덕 장군의 '*여 수장 우중문 시' 입니다.

을지문덕 장군은 문무와 지략에 뛰어난 멋진 장군이었습니다.

시의 뜻은 다음과 같습니다.

수나라 장군 우중문과 우문술이 *전술에 *능하고, 싸움을 잘해서 곳곳의 전쟁에서 승리해 이미 수많은 공을 세워 높은 벼슬까지 받았으니, 더 무엇을 원하느뇨? 이제 전쟁을 그치고 돌아가시오.

이 시를 받은 우중문과 우문술은 "아, 고구려에 이렇게 지략과 문무에 *통달한 장군이 있었구나!" 하고 한탄하면서 을지문덕 장군이 있는 한 아무리 군사가 많아도 승리하기 어렵다는 것을 깨달았습니다.

 **낱말공부**

* **여 수장 우중문 시** : 고구려의 명장 을지문덕이 지은 한시, 중국 수나라 장수 우중문에게 지어 보낸 것
* **전술** : 전투 상황에 대처하기 위한 기술과 방법
* **능하고** : 뛰어나고
* **통달한** : 막힘없이 잘 아는
* **계략** : 어떤 일을 이루기 위한 꾀나 수단
* **패배** : 싸움에 짐
* **멸망** : 망하여 없어짐
* **사당** : 조상의 신주를 모셔 놓은 집

또 지금까지 계속 이기고, 고구려 깊숙이 들어온 것도 을지문덕 장군의 *계략이라는 것을 알아차렸습니다.

수나라군은 부랴부랴 후퇴하기 시작했습니다.

수나라 군대가 살수를 건너 강 중간쯤 갈 때 을지문덕 장군은 강을 막아 놨던 보를 터뜨려 대대적인 공격을 퍼부었습니다. 이 전쟁에서 30만의 수나라 대군이 거의 죽고, 살아 돌아간 병사는 겨우 2,700여 명이었습니다.

이 싸움이 전쟁사에 길이 빛나는 '살수대첩'입니다. 고구려 공격에 온 힘을 쏟았던 수나라는 결국 이 전쟁에서의 *패배로 나라까지 *멸망하게 되었습니다. 후대의 고구려 사람들은 이 위대한 장군을 기리기 위해서 평양에 을지문덕 *사당을 지어놓고 제사를 지냈다고 합니다.

02 백제 이야기

1) 백제 건국과 온조 이야기

백제를 세운 온조는 주몽을 도와 고구려를 세운 *소서노의 아들입니다. 소서노는 졸본 부여 왕의 공주로 주몽과 함께 고구려를 세웠던 *여장부였습니다. 소서노에게는 비류와 온조라는 두 아들이 있었습니다.

주몽이 소서노와 결혼하면서 주몽의 아들이 되어 왕자가 되었습니다.

형제는 장차 왕이 되면 고구려를 더욱 강한 나라로 만들겠다는 큰 뜻을 품고 있었습니다. 그러나 주몽이 부여에 있을 때 낳은 아들 유리가 고구려를 찾아왔습니다. 주몽은 유리에게 고구려의 *태자 자리를 물려주었습니다. 하루 아침에 태자 자리를 빼앗긴 비류는 몹시 실망했습니다. 그리고 앞날이 불안했습니다.

"아, 태자 자리에서 밀려나고 말았구나. 나는 이제 고구려에서 무엇을 할꼬?"

그러자 온조가 말했습니다.

"형님! 그렇다면 차라리 어머니를 모시고 남쪽으로 내려가 새로운 나라를 세우는 것이 어떻겠습니까?"

"그래, 네 말이 옳다. 그렇게 하자."

마음을 정한 비류와 온조는 주몽 왕을 찾아갔습니다.

 낱말공부

*소서노 : 졸본 부여의 공주. 도망쳐온 청년 주몽과 함께 고구려를 세운 여장부, 비류와 온조라는 두 아들이 있었음
*여장부 : 남자처럼 굳세고 기개가 있는 여자   *태자 : 왕의 자리를 이을 왕의 아들
*허허벌판 : 끝없이 넓고 큰 벌판   *확고해서 : 태도나 뜻이 튼튼하고 굳어서
*모진 : 몹시 매섭고 사나운

"유리가 태자가 되었으니 우리 형제는 이제는 고구려에서 할 일이 없는 것 같습니다. 고구려를 떠나 남쪽으로 내려가 살 만한 땅을 찾아보겠으니 허락해 주세요."

두 형제의 뜻이 워낙 *확고해서 주몽 왕은 비류와 온조의 부탁을 들어주지 않을 수 없었습니다.

비류와 온조는 10명의 부하와 함께 남쪽으로 향했습니다.

수많은 백성이 비류와 온조의 뒤를 따랐습니다. 남으로 남으로 내려가는 길은 멀고도 힘들었습니다. 다른 부족의 침략을 피해야 했고, *허허벌판에서 *모진 비바람과 살을 에는 추위와도 싸워야 했습니다.

그러나 비류와 온조는 오직 한 가지 목표인 '새 나라를 세우겠다'는 뜻을 가지고, 어떤 어려움도 참아가며 쉬지 않고 나라를 세울만한 땅을 찾아 남으로 남으로 내려갔습니다.

드디어 하늘이 푸르게 갠 날, 그들은 아리수(지금의 한강)에 다다랐습니다. 눈앞에는 커다란 바위산이 우뚝 버티고 서 있었습니다.

비류와 온조는 부하들과 함께 삼각산에 올라 땅을 *두루 살펴보았습니다. 한강의 아름다운 풍경이 한눈에 들어왔습니다.

"아, 참으로 아름답구나. 드디어 우리가 살 *터전을 찾은 것 같구나. 고생한 보람이 있었어."

"한강의 남쪽에는 기름진 들판이 펼쳐져 있고, 동쪽은 험준한 산이 둘러싸고 있습니다. 또한, 서쪽에는 바다가 있으니 적들이 쉽게 넘볼 수 없을 것입니다. 이곳에 도읍을 정하고 나라를 세우면 좋을 것 같습니다."

온조는 기쁨에 차서 말했습니다.

그러나 비류의 생각은 온조와 달랐습니다.

"내 생각은 다르다. 이곳은 땅이 좁고 사방이 높은 산에 가로막혀 있으니, 큰 나라를 세우기에 부족하다. 차라리 바닷길이 열려있고, 고기와 소금을 쉽게 얻을 수 있는 서해의 미추홀(지금 인천 부근)이 한 나라의 *도읍으로 더 나을 것 같구나."

비류는 온조의 *만류를 뿌리치고 미추홀로 가서 나라를 세우겠다며 떠났습니다. 힘을 모아 함께 좋은 나라를 만들자고 굳게 *맹세했고, 수많은 고생을 참고 견디며 같이 왔던 형제는 결국 생각 차이로 헤어지게 되었습니다.

 **낱말공부**

- **두루**: 빠짐없이 골고루
- **터전**: 살림의 근거지가 되는 곳
- **도읍**: 한 나라의 중앙 정부가 있는 곳
- **만류**: 붙들고 못 하게 말림
- **맹세**: 일정한 약속이나 목표를 꼭 실천하겠다고 다짐함
- **풍성**: 넉넉하고 많음

온조는 위례성(지금의 하남, 광주 일대)에 나라를 세우고, 나라 이름을 10명의 부하가 따라와 도왔다고 하여 '십제'라고 지었습니다. 온조의 생각대로 십제가 세워진 땅은 백성이 살기 좋은 곳이었습니다. 기름진 땅에는 곡식이 *풍성했고, 강물에는 물고기들이 넘쳐났습니다. 주변의 부족들도 온조의 백성이 되기 위해 찾아들었습니다.

그러던 어느 날, 미추홀로 떠났던 비류의 백성이 뜻밖에도 십제로 찾아왔습니다.
"미추홀의 땅은 물기가 많아 농사를 지을 수 없고, 물맛 또한 몹시 짜서 마실 수가 없습니다. 더는 미추홀에 살 수 없어 십제의 백성이 되고자 찾아왔습니다."
비류를 따라갔던 백성이 겪은 고통은 이루 헤아릴 수가 없었습니다.

온조는 백성을 따뜻하게 맞아 십제에서 살도록 하였습니다.

이처럼 수많은 부족과 사람들이 따랐으므로 나라의 이름을 '십제'에서 '백제'라고 고쳤습니다.

한편, 미추홀로 떠났던 비류는 온조와 함께하지 못한 자신의 잘못을 부끄러워하며, 온조와 함께 나라를 세우기 위해 처음으로 올랐던 삼각산에 다시 올랐습니다. 발아래로 온조가 세운 백제가 끝없이 펼쳐져 있었습니다. 비류는 어리석었던 자신을 *한탄하며 스스로 목숨을 끊고 말았습니다.

비류는 고구려 태자에서 물러나 새로운 나라를 만들겠다는 큰 꿈을 꾸었지만, 그 꿈을 이루지 못하고 스스로 죽은 *비운의 왕자가 되었습니다.

온조가 세운 백제는 그 후, 남쪽에 있던 마한을 물리치며 더욱 강한 나라가 되어 고구려, 신라와 함께 삼국시대를 열었습니다.

2) 백제의 멸망과 '계백 장군' 이야기

　신라가 당나라와의 *연합으로 세력을 키워가던 때, 백제 *의자왕은 나라를 잘 돌보지 않고 *사치와 *향락에 빠져 지내고 있었습니다.

　백제 '무왕'의 첫째 아들인 '의자왕'은 왕이 되기 전에는 총명하고 용감한 왕자였습니다.

　왕위를 이을 태자로 정해진 후에는 나라의 힘을 기르기 위해 '수사 제도'를 만들어 '지혜와 무예' 실력을 갖춘 젊은이들을 훌륭한 장수로 키워 냈습니다.

낱말공부

*한탄 : 원통하거나 뉘우치는 일이 있을 때 한숨을 쉬며 탄식함
*비운 : 순조롭지 못하거나 슬픈 운수나 운명
*연합 : 두 나라 이상이 서로 합동하여 하나의 조직체를 만듦
*의자왕 : 백제의 제31대 마지막 왕. 만년에 사치와 방탕에 빠져, 660년에 나당 연합군에 항복하여 죽임을 당하였다
*사치 : 필요 이상의 돈이나 물건을 쓰거나 분수에 지나친 생활을 함
*향락 : 쾌락을 누림

계백 장군도 이 제도를 통해 장수가 되었습니다.

계백 장군은 *지략이 뛰어나고 *덕이 높았던 장군이었습니다.

660년 *황산벌에서 신라의 김유신이 이끄는 5만 군사를 맞아 불과 5천 명의 결사대로 맞서 싸웠지만 이미 기울어진 *전세를 되돌릴 수는 없었습니다.

이 싸움이 바로 '황산벌 전투'입니다.

그는 *전장에 나아가기에 앞서

"한 나라의 힘으로 나·당의 큰 군대를 대적하니 나라의 운명을 알 수 없다. 내 가족이 잡혀 *노비가 될지도 모르니, 살아서 욕보는 것이 *흔쾌히 죽는 것보다 못할 것이다."

라며 가족을 모두 죽이고, 나라를 위해 목숨을 버릴 것을 각오하였습니다.

또한, 병사들에게도

"옛날 월나라 왕 구천은 5,000명으로 오나라 왕 부차의 70만 대군을 무찔렀다. 오늘 우리도 각자 열심히 싸워 승리로 나라의 은혜에 보답하자."

라고 격려하였습니다.

 **낱말공부**

*지략 : 어떤 일이나 문제의 해결 대책을 능숙하게 세우는 뛰어난 슬기와 계략
*덕 : 공정하고 남을 넓게 이해하고 받아들이는 마음이나 행동
*황산벌 : 충청남도 논산시에 있었던 신라 때의 군·국방상 요지로 금강 북쪽의 논산평야 일부를 차지하는 곳
*전세 : 전쟁, 경기 따위의 형세나 형편
*전장 : 싸움을 치르는 장소(전쟁터)
*노비 : 사내종과 계집종을 아울러 이르는 말
*흔쾌히 : 기쁘고 유쾌하게. 기꺼이
*반굴 : 가야의 왕족 출신 신라의 화랑
*관창 : 신라 태종 무열왕 때의 화랑
*충절 : 충성스러운 절개
*칭송 : 칭찬하여 일컬음

계백 장군과 나라를 위해 죽음을 각오한 결사대 5,000명은 처음에는 연합군과의 네 번에 걸친 싸움에서 모두 승리를 거두었습니다.

그러나 *반굴, *관창 등 신라 화랑의 전사로 사기가 오른 연합군의 대군과 싸우기에는 그 수가 턱없이 부족하였습니다.

결국, 백제군은 패하고 계백은 장렬한 최후를 마쳤습니다.

황산벌 전투에서 패배한 백제는 서기 660년 신라와 당나라의 연합군에 의해 멸망하고 말았습니다.

나라를 구하기 위해 목숨을 버린 계백의 이러한 *충절은 후대인들의 높은 *칭송의 대상이 되었으며, 특히 조선 시대의 유학자들에게는 충절의 표본으로 여겨졌습니다.

신라 이야기

1) 신라의 건국과 박혁거세 이야기

어느 따뜻한 봄날이었습니다.
하늘이 유난히 파랗고 높아 뭔가 좋은 일이 일어날 것만 같은 날이었습니다.
"참 좋은 날이야."
고허촌의 *촌장 소벌공은 혼잣말을 하며 하늘을 쳐다보고 있었습니다. 그때 멀리 *산기슭에서 신비한 빛이 번쩍이고 있는 것을 발견했습니다.
소벌공이 빛이 나는 기슭에 이르자 우물가에서 말 울음소리가 들려왔습니다. 소벌공은 눈앞에 펼쳐진 광경에 깜짝 놀랐습니다.
눈부신 흰 말이 신비로운 빛에 싸인 알을 앞에 두고 고개를 끄떡이며 절을 하는 것 같았습니다. 소벌공이 문득 정신을 차려 보니, 하얀 말은 어느새 연기처럼 사라지고 우물가에는 큰 알만 놓여 있었습니다.
소벌공은 알을 조심스럽게 깨뜨렸습니다. 알 속에서는 *예사롭지 않아 보이는 사내아이가 나왔습니다. 소벌공은 맑은 물로 아이의 몸을 정성스레 씻겼습니다. 그러자 아이의 몸에서는 *찬란하고 눈부신 빛이 쏟아졌습니다.
소벌공은 이 신비한 일을 여섯 마을의 촌장들에게 자세히 이야기한 후 촌장들과 의논했습니다.

 **낱말공부**

*촌장 : 마을의 우두머리
*산기슭 : 산의 비탈이 끝나는 아랫부분
*예사롭지 않아 : 평범해 보이지 않아
*찬란하고 : 빛이 번쩍거리거나 수많은 불빛이 빛나고
*덕망 : 덕행으로 얻은 명망.
*박 : 호박처럼 생긴 넝쿨 식물

"그동안 우리는 여섯 마을로 나뉜 채 아직도 나라를 세우지 못하였소. 이는 *덕망있는 왕을 찾지 못했기 때문이오. 여러 촌장과 함께 왕으로 모실 사람을 찾아보았으나 지금까지 찾지 못하였소. 이 아이는 하늘이 우리의 뜻을 알고 보내신 것이 틀림없는 것 같소. 장차 훌륭한 왕이 될 것으로 생각됩니다. 이 아이를 잘 키워보는 것이 어떻겠소?"

"소벌공의 말이 옳소. 이 아이는 하늘이 보낸 것 같으니, 하늘의 뜻에 따라 이 아이를 훌륭하게 키워봅시다."

여섯 마을의 촌장들은 모두 기쁜 마음으로 찬성했습니다.

아이는 자랄수록 영리하고 행동이 반듯했습니다.

알의 모양이 '*박'을 닮았다고 해서 아이의 성은 '박'씨로 하기로 했습니다.

그리고 이름은 '빛나고 번쩍이는 빛을 띠었다.' 하여 '혁거세'라 지었습니다.

　이 아이가 열세 살이 되었을 때, 여섯 마을의 촌장들은 다시 모여 앞날을 의논했습니다.
　여섯 촌장은 박혁거세를 왕으로 받들기로 했습니다. 그리고 좋은 여자를 왕비로 맞이하자고 했어요. 그러나 왕비가 될만한 좋은 여자를 찾기가 쉽지 않았습니다.

　그러던 어느날, 한 할머니가 예쁜 여자아이를 데리고 촌장들을 찾아와 말했습니다.
　"알영정이란 우물이 있는데 하루는 닭 머리 모양을 한 용 한 마리가 나타났습니다. 그때, 우레 같은 천둥소리와 신비로운 빛이 쏟아지더니 그 용의 오른쪽 옆구리에서 예쁜 여자아이가 태어났습니다. 그래서 이 아이의 이름이 '알영'이라고 합니다."
　아무리 보아도 평범한 아이 같지 않아 촌장님들께 데려왔습니다. 알영은 한눈에 보아도 보통 아이가 아니었습니다. 알영의 몸에서는 신비스럽고 *고귀한 기운이 흘러나오고 있었습니다.
　"알영이야말로 우리가 애타게 찾던 왕비 감이 틀림없소!"
　촌장들은 한결같은 목소리로 말했습니다. 촌장들과 백성들은 한마음으로 혁거세와 알영을 결혼시키기로 하였습니다. 박혁거세는 알영을 왕비로 맞았고 여섯 마을을 하나로 모아 나라를 세웠습니다. 이때가 *기원전 57년입니다.

 **낱말공부**

*고귀한 : 훌륭하고 귀중하다
*기원전 : 기원 원년 이전. 주로 예수가 태어난 해를 원년으로 하는 서력기원을 기준으로 하여 이른다.
*누에치기 : 누에를 기르는 일
*기틀 : 어떤 일의 가장 중요한 계기나 조건

그는 왕비와 함께 나라 곳곳을 다니면서 백성들의 살림을 살펴보고, 농사와 *누에치기를 장려하여 백성이 잘살 수 있도록 해 주었습니다.

그리고 나라 이름을 '서라벌'이라고 하고 수도를 '금성'으로 하여 나라의 *기틀을 튼튼히 했습니다.

이 서라벌이 훗날 고구려, 백제와 함께 삼국시대를 이루고, 통일을 한 신라입니다.

2) 화랑도 이야기

신라 진흥왕은 인재를 뽑는 방법으로 *화랑제도를 만들었습니다.
  화랑들을 무리지어 함께 놀게 한 다음 행동을 관찰하여, 그 속에서 훌륭하고 쓸만한 인재를 발굴하려는 목적으로 만들었지요.
  잘생긴 남자들을 뽑아 곱게 꾸며서 '화랑'이라 부르고 떠받들게 한 것이 화랑제도의 시작이었습니다.
  *명문가의 용모 단정한 사내아이를 화랑으로 선발했고, 그렇게 선발된 화랑은 고귀한 존재로 떠받들어졌으며, 그를 따르는 이들로 구성된 집단을 만들었습니다.

낱말공부

*화랑제도 : 신라 때에, 화랑을 중심으로 많은 청소년을 모아 군사 훈련을 하고 도의를 연마시켜 인재를 양성하던 제도
*명문가 : 훌륭한 집안
*등용 : 인재를 뽑아서 씀
*충성심 : 임금이나 국가에 대하여 진정으로 우러나오는 정성스러운 마음

화랑은 전국의 산과 들을 돌아다니며 도덕을 익히고 무예를 배웠으며, 나라에서는 그중에서 뛰어난 인재를 뽑아 *등용했습니다.

이렇게 화랑이 되어 등용된 인재들은 투철한 *충성심과 올바른 행동으로 타인의 모범이 되었습니다.

화랑은 '집에서는 부모에 효도하고, 벼슬하면 나라에 충성하였으며, 벗을 사귈 때에는 믿음으로써 사귀고, 싸움에 임해서는 물러남이 없어야 하고, 산 것을 죽일 때는 가려야 한다.'는 다섯 가지의 계율을 지켰습니다. 이 다섯 가지 계율을 '세속오계'라고 합니다.

사다함, 관창, 김유신 등 화랑들은 백제나 고구려와의 전쟁에서 신라가 삼국통일을 이루는데 큰 공을 세웠습니다.

이러한 화랑도의 정신은 '육군 사관학교'를 통해 오늘날까지 이어지고 있습니다.

04. 발해 건국과 대조영 이야기

서기 668년 신라와 당나라의 연합군에 의해 고구려가 멸망했습니다.

고구려를 멸망시킨 당나라는 고구려 땅에 *안동도호부를 설치해 다스렸습니다.

또한, 당나라는 고구려 *유민 2만 8,000여 명을 중국 땅으로 *강제로 *이주시켰습니다.

고구려 사람들은 나라 잃은 *설움을 안고 뿔뿔이 흩어져 살게 되었습니다.

이때 대조영도 그의 아버지인 걸걸중상과 함께 요서 지방의 영주 땅으로 옮겨 살게 되었습니다. 당시 영주 땅은 당나라가 다른 민족을 다스리기 위해 만든 도시였습니다. 이곳에는 고구려 유민을 비롯하여 말갈인과 거란인 등 여러 민족이 함께 살게 되었습니다.

당나라 사람들은 다른 나라 사람들을 *무시하고 함부로 대했습니다.

이를 견디다 못한 걸걸중상과 그의 아들 대조영은 고구려 유민들을 모아서 당나라와 싸우기로 했습니다. 그리고 말갈족의 장군인 걸사비우를 찾아갔습니다.

"당나라 밑에서 노예처럼 살 수 없소. 우리 힘을 합쳐 당나라와 싸워 자유를 찾읍시다."

"좋소. 함께 싸웁시다."

낱말공부

*안동도호부 : 고구려 멸망 후, 당나라가 고구려의 옛 땅에 설치한 최고 군정 기관
*유민 : 망하여 없어진 나라의 백성
*강제 : 권력이나 힘으로 남의 자유의사를 억눌러 원하지 않는 일을 억지로 시킴

*이주 : 본래 살던 곳에서 다른 곳으로 거처를 옮김
*설움 : 서럽게 느껴지는 마음
*무시 : 사람을 깔보거나 업신여김
*유언 : 죽음에 이르러 말을 남김

그리하여 대조영과 그의 아버지는 말갈세력과 손을 잡고 당나라군과 싸워서 크게 이겼습니다. 힘이 점차 강해지자 당나라는 당황하기 시작했습니다.

드디어 당나라는 대군을 보내 공격했습니다. 이 공격으로 말갈의 장군 걸사비우가 죽고, 대조영의 아버지 걸걸중상도 당나라군에 쫓겨 다니다가 죽었습니다.

걸걸중상은 죽어가면서 아들 대조영에게 *유언을 남겼습니다.

"아들아, 너의 몸속에는 자랑스러운 고구려의 피가 흐르고 있다. 꼭 고구려의 옛 땅을 다시 찾도록 하여라. 그리고 고구려 유민들을 옛 고구려 땅으로 돌려보내도록 하여라."

"예, 아버지 말씀대로 꼭 옛 고구려 땅을 다시 찾아 고구려 유민들을 잘 돌보도록 하겠습니다."

　　대조영은 아버지의 유언을 가슴에 깊이 새기고, 말갈족과 고구려 유민들로 군대를 새롭게 조직하였습니다.

　　말을 사고 병사들을 많이 모아 강하게 훈련했습니다. 그리고 고구려 유민과 말갈족을 차별하지 않고 평등하게 대우해 힘을 모았습니다.

　　드디어 대조영은 당나라군을 몰아내고 남만주 지역에 있는 동모산 (지금의 길림성 돈화성 부근에 있는 육정산)에 *정착하여 성을 쌓고, 나라를 세웠습니다.

　　나라 이름을 '발해'라고 하고 연호를 '천통'이라 하였습니다. 그리고 대조영은 고구려 유민과 말갈족에게 말했습니다.

　　"나는 고구려 유민이오. 말갈족과 우리는 힘을 합해 당나라군을 몰아냈소. 이 발해는 바로 여러분이 세운 나라요. 고구려 유민과 말갈족을 차별하지 않고 *능력에 따라 똑같이 *대우할 것이오. 서로 싸우지 말고 함께 힘을 모아 고구려와 같은 위대한 나라를 만들어 나갑시다."

　　"발해 만세! 대조영 장군 만세!"

　　고구려 유민과 말갈족 모두 함께 *환호했습니다.

　　대조영은 고구려 유민과 말갈족의 *지지를 받아 왕이 되었습니다.

　　왕이 된 대조영은 고구려의 옛 땅을 찾기 위해 노력하며 나라의 기틀을 잡아나갔습니다.

　　대조영을 이어 그의 아들 대무예가 제2대 무왕으로 *즉위하여, 나라를 더욱

 **낱말공부**

*정착 : 일정한 곳에 자리를 잡아 붙박이로 있거나 머물러 삶
*능력 : 일을 감당해 내는 힘
*대우 : 예의를 갖추어 대하는 일
*환호 : 기뻐서 큰 소리로 부르짖음
*지지 : 어떤 사람의 의견에 찬성하고 뜻을 같이함
*즉위 : 임금이 될 사람이 예식을 치른 뒤 임금의 자리에 오름

*무력 : 군사상의 힘
*해동성국 : 번영기 때의 발해를 중국에서 이르던 말
*생활양식 : 사회나 집단이 공통으로 갖고 있는 생활하는 방식
*웅장한 : 규모 따위가 거대하고 성대하다

튼튼히 하고 *무력으로 땅을 넓혀 나갔습니다. 영토를 점차 넓혀 나간 발해는 '*해동성국'이라 불리며, 당나라를 위협할 정도로 크게 발전해 나갔습니다.
 발해는 고구려를 계승하려는 의식이 매우 뚜렷하였습니다. 그래서 발해의 문화와 *생활양식도 대부분 고구려의 문화와 생활을 그대로 이어 나갔습니다.
 발해의 수도인 상경에서 발굴된 돌사자 상은 고구려의 *웅장한 멋이 그대로 살아 있으며, 또한 지배층의 무덤도 고구려의 무덤을 그대로 본뜬 것이었습니다.
 그러나 내분으로 나라가 약해진데다 거란의 침입을 받아 나라를 세운 지 226년 만인 926년에 멸망했습니다.

세 번째이야기

고려 이야기

1. 고려 건국과 고려 태조 왕건 이야기

2. 외침을 물리친 선조들의 이야기
   1) 거란의 침입
   2) 여진 정벌과 별무반
   3) 몽골의 7차 침입과 삼별초의 항쟁

고려는 '고구려의 뒤를 잇는다.'는 뜻으로, 후고구려, 후백제, 신라 등 후삼국으로 분열되어 혼란스럽던 세 나라를, 서기 918년에 다시 하나로 재통일하여 '태조 왕건'이 세운 나라입니다.

고려 시대에 중국 몽골의 침략을 받아 왕이 강화도로 피난하고, 문화재가 불타는 등 나라가 위태로웠던 때도 있었습니다.
그러나 거란의 침입은 서희, 강감찬 등이, 몽골의 침입 때는 온 백성들이 힘을 합쳐 위기를 극복하게 됩니다.

또 고려 시대에는 팔만대장경과 세계 최초의 금속활자로 인쇄한 직지심경, 신비한 빛을 간직한 고려청자 등 찬란한 문화유산을 많이 남겼습니다.

고려시대는 유난히 외적의 침입이 많았던 시기이기도 하지만 우리 민족의 우수성을 그대로 보여준 때이기도 합니다.

자! 이제 고려시대(918년 ~1392년)에 어떤 일들이 있었는지 고려 이야기를 시작해 볼까요?

01 고려건국과 고려 태조 왕건 이야기

신라 말기에 이르러 나라가 *내분과 *부패 등으로 힘이 약해지기 시작하자 각 지방에는 힘 있는 *호족들이 땅을 차지하기 시작했습니다.

점차 백성들의 생활은 어려워졌고 *끼니조차 해결하기 어려웠습니다.

이런 가운데 세금까지 너무 많이 올리자 여기저기서 *반란이 일어났습니다.

옛 백제 땅에서는 견훤이 백제의 뒤를 잇겠다며 후백제를 세웠고, 궁예는 고구려를 잇겠다며 동북쪽에 후고구려를 세웠습니다.

통일신라와 '후백제' 그리고 '후고구려' 이렇게 세 나라가 있던 때를 역사에서는 '후삼국 시대'라고 합니다.

911년, 나라 이름을 후고구려에서 태봉으로 바꾼 궁예는 자신을 '세상을 구할 미륵불'이라 말하며 권력을 마음대로 휘둘렀습니다.

"나는 미륵불이다. 나는 사람의 마음을 꿰뚫어보는 *관심법을 알고 있기 때문에 어떤 사람이든지 그 마음을 다 알 수 있다. 나에게 충성을 하지 않고 딴 생각하는 사람은 모두 죽이겠다."

이렇게 사람들을 의심하고 다그치자 온 나라는 두려움에 떨었습니다.

궁예의 눈 밖에 나면 누구든지 관심법에 따라 죽임을 당했습니다.

잘못 말하면 대신들이나 장군들도 마구 죽였기 때문에 대신들도 꼼짝 못했습니다.

궁예는 자기 부인이 관심법으로 다스리는 잘못을 이야기하자, 부인을 죽였

낱말공부

*내분 : 특정 조직이나 단체의 내부에서 자기편끼리 일으킨 분쟁
*부패 : 정치, 사상, 의식 따위가 타락함
*호족 : 재산이 많고 세력이 큰 집안
*끼니 : 아침, 점심 같은 식사

*반란 : 정부나 지도자 따위에 반대하여 내란을 일으킴
*관심법 : 상대의 마음과 생각을 꿰뚫어 보는 방법
*시중 : 고려 초기에, 서경에 설치한 낭관의 으뜸 벼슬
*의리 : 사람으로써 마땅히 지켜야할 도리

습니다. 그리고 이를 말리는 두 아들마저 죽였습니다.

견디다 못한 대신들과 장군들이 은밀히 왕건을 찾아갔습니다.

당시 왕건은 궁예의 밑으로 들어가 많은 공을 세워 최고의 관직이었던 *시중의 벼슬에 있었습니다. 또한, 사람이 좋고 넓은 마음을 가지고 있었기 때문에 많은 사람이 따르고 존경하였습니다.

대신들과 장군들이 말했습니다.

"궁예는 미친 것이나 다름이 없습니다. 더는 그에게 나라를 맡길 수 없습니다. 이대로 가면 많은 사람이 죄 없이 죽고 나라가 망할 것입니다. 이 나라를 구하고 이끌 사람은 시중 대감뿐입니다!"

"안될 말입니다. 어찌 신하 된 사람으로서 모시던 임금을 배반할 수 있겠소?"

"나라가 망하고 많은 백성이 고통을 겪고 있는 마당에 *의리가 우선은 아니지 않습니까?"

대신들과 장군들이 '이대로 있을 수 없다'며 거듭 왕건에게 앞장서 달라고 요구하였습니다.

마침내 왕건이 말했습니다.

"여기 계신 여러분의 생각이 모두 똑같소?"

"예, 그렇습니다."

"그렇다면 제가 앞장서겠습니다. 이 시간 이후부터 우리 모두 한마음으로 위대한 고구려의 뒤를 이을 새로운 나라를 같이 만들어 나갑시다."

이렇게 왕건은 궁예를 몰아내고 나라를 세우게 되었습니다.

당시는 신라 말기로 나라가 매우 어려운 때였습니다. 관리들은 부패했고, 권력을 차지하기 위해 서로 무리를 지어 싸우기도 했습니다. 백성들은 너무 많은 세금 때문에 굶주리고, 도둑이 일어나 민심이 매우 나빴습니다.

이러한 때에 왕건은 배고픔과 관리들의 *횡포에 시달리는 백성들을 보고만 있을 수 없었습니다. 그래서 후고구려를 세운 궁예의 부하로 들어갔습니다. 왕건이 여러 싸움에서 이기고 큰 공을 세워 최고의 관직이던 시중의 자리에 올랐을 때가 바로 이때였습니다.

궁예를 몰아낸 왕건은 대신과 장군들에게 말했습니다.

"이제부터 과거의 잘못된 것을 모두 고치고 백성이 편안하게 잘 살 수 있는 나라를 만듭시다."

모든 백성은 왕건이 새로운 지도자가 된 것을 기뻐했습니다.

 **낱말공부**

* **횡포** : 도리를 모르며 멋대로 굴고 몹시 난폭함
* **고려** : 후삼국을 통일한 왕건이 세운 나라
* **마의태자** : 신라의 마지막 임금인 경순왕의 아들
* **푸성귀** : 채소나 풀
* **한반도** : 우리나라 국토를 포함하는 바다 쪽으로 이어진 땅

918년, 왕건은 나라 이름을 '*고려'로 바꾸었습니다. 이것은 고려가 고구려를 잇는 나라임을 밝히고자 하는 뜻이었습니다.

왕건이 왕위에 오른 뒤, 고려의 힘은 더욱 강력해졌습니다.

후백제와 고려 사이에서 나라의 운명을 놓고 고심하던 신라의 마지막 왕인 경순왕은 마침내 나라를 왕건에게 바치고 항복했습니다.

이때가 935년이었습니다.

끝까지 항복을 거부했던 신라의 *마의태자는 금강산으로 들어가 베옷을 입고 *풀성귀만을 먹으며 삶을 마쳤습니다. 왕건은 *한반도의 주도권을 놓고 후백제와 수많은 전투를 치뤘습니다. 왕건은 신라의 항복을 받아낸 다음해인 936년에 후백제를 멸망시켰습니다.

　마침내 후삼국을 통일하여 한반도에 새로운 통일 국가를 세웠습니다.
　왕건은 먼저 호족 세력을 *융합하여 *중앙집권체제를 수립하였습니다. 또 불교를 중히 여겨 절을 많이 짓게 하고 해마다 *연등회와 *팔관회를 열어 국가와 백성이 편안히 살아가도록 기원하는 등, 백성의 생활 안정에 힘을 쏟아 나라를 안정시켰습니다.

　태조 왕건은 왕권을 안정시키기 위해 후손들과 대신들이 지켜야 할 '*훈요십조'를 남겼습니다.

첫째, 불교를 받들라.
둘째, *풍수지리설을 존중하라.
셋째, 왕위는 맏아들에게 계승하라.
넷째, 거란을 멀리하라.
다섯째, 서경을 중히 여겨라.
여섯째, 연등회와 팔관회를 중시하라.
일곱째, 소인을 멀리하고 *조세를 가벼이 하라.
여덟째, *차령산맥 이남과 공주 강 밖의 사람들은 쓰지 마라.
아홉째, 관리의 *녹봉은 그 직무에 따라 정하라.
열째, 임금은 훌륭한 사람들이 지은 책을 매일 읽고 참고로 하여 다스리도록 하라.

　이렇게 '훈요십조'를 남기고 왕건은 943년 세상을 떠났습니다.

> 폭정을 한 궁예와 백성들에게 선정을 베푼 왕건을 비교해 가며 지도자의 능력에 따라 백성들의 삶이 어떻게 바뀌었는지 비교해 가며 읽어 보세요.

02 외침을 물리친 선조들의 이야기

1) 거란의 침입

고려 태조는 건국 당시부터 우리 민족이 세운 발해를 멸망시킨 거란을 적대시하고, 송나라와 가깝게 지냈습니다. 또한, 서경을 근거지로 하여 고구려 옛 땅을 되찾으려는 *북진정책을 활발히 추진하였습니다. 한편 거란(요나라)은 고려가 자기들을 멀리하고 송나라와 친하게 지내며 북진정책을 추진하자, 불만을 품어오다가 993년 소손녕을 장수로 삼아 고려를 침입하였습니다. 그러나 안융성에 이른 거란군은 더는 나아가지 못했습니다. 10여 일을 공격하였지만, 절벽 위에 바위로 쌓은 안융성은 끄떡도 하지 않았습니다.

"장군들, 우리가 고려를 너무 얕잡아 본 것 같소. 군량미가 떨어지면 큰일 이니 어떡하면 좋겠소?"

"장군님, 고려 진영에 사람을 보내어 항복을 권해 보는 것이 어떨는지요?"

소손녕은 *담판을 짓자는 편지를 써서 고려 성종에게 보냈습니다.

"누가 소손녕과 담판을 짓고 오겠소?"

 **낱말공부**

- ***융합** : 서로 다른 것을 합하여 하나가 되게 하는 일
- ***중앙집권제** : 모든 권력을 중앙(통치자)에 집중하는 통치 체제
- ***연등회** : 석가모니의 탄생일에 불을 켜고 복을 비는 의식
- ***팔관회** : 토속신에게 제사를 지내며 나라와 왕실의 평안을 기원하는 의식
- ***훈요십조** : 고려 태조 왕건이 후손에 전한 정치 지침서
- ***풍수지리** : 지형이나 방위를 인간의 길흉화복과 연결시키는 이론
- ***조세** : 국가에서 거두어들이는 세금
- ***차령산맥** : 태백산맥에서 갈라져 나와 충청남북도를 가르는 산맥
- ***녹봉** : 관리가 국가로부터 받는 월급(곡식이나 토지)
- ***북진정책** : 북쪽으로 세력을 뻗어 나가려는 정책
- ***담판** : 관계자끼리 직접 만나 의견을 교환하고, 그 일치를 꾀하는 일

"폐하, 신(신하) 서희 비록 재주는 *미흡하오나 허락하신다면 소손녕과 담판을 짓고 오겠습니다."

이렇게 해서 서희는 소손녕과 담판을 지으러 적진으로 들어갔습니다.
"내가 먼저 묻겠소. 고려는 요나라에 해를 끼치지 않았는데 어찌하여 침략을 하였소?"
"고려는 가까이 있는 우리 요나라를 멀리하고 바다를 건너야 하는 송나라와 가깝게 지내고 있는 까닭이 무엇인지 묻고자 침략하였소. 그러나 고구려의 옛 땅인 *자비령 북쪽의 땅을 돌려준다면 즉시 군사를 이끌고 돌아가겠소."
소손녕은 요나라가 고구려를 발판으로 세운 나라라는 것을 강조하면서 고구려의 옛 땅을 돌려 달라고 강력하게 요구하였습니다.

이에 서희는,
"고구려의 뒤를 이은 것은 우리 고려라는 것을 *명심하시오.
 나라 이름을 보아도 그렇고, 입는 옷과 먹는 음식도 같고, 하는 말 또한 같으니, 우리가 고려의 후손이라는 것은 분명하오. 우리 고려가 송나라와 친하게 지내는 것은 *문물을 교환하기 위한 것이오. 고려와 요나라 사이에는 여진족이 진을 치고 있으니 이제라도 귀국이 압록강 주변에 있는 여진족을 물리치고 압록강 이남을 고려에 되돌려 주시오. 그렇게 하면 압록강 이남에 성을 쌓고 귀국과 통로를 열어 서로 왕래하며 가깝게 지내기로 하겠소."

 낱말공부

*미흡 : 부족하여 만족스럽지 않음
*자비령 : 황해도에 있는 고개
*명심 : 마음에 깊이 새겨 잊지 않도록 함
*문물 : 문화와 물건에 관한 모든 것을 통틀어 이르는 말
*함락 : 적의 성, 요새, 진지 따위를 공격하여 무너뜨림
*강화 : 서로 싸우던 두 편이 싸움을 그치기로 함

"좋소. 우리 황제께 글을 올리겠소."

이렇게 담판이 끝나서 거란은 철수하였습니다. 그리고 고려는 압록강 동쪽에 새로 성을 쌓고 '강동 6주'를 설치했습니다. 서희의 말 한마디로 거란의 10만 대군을 물리치고 고려의 영토도 더 넓어지게 된 것이었습니다.

거란의 1차 침입 때 고려가 거란과 가깝게 지내기로 약속을 하였으나, 여전히 송나라와만 왕래하고 거란을 멀리하자 거란은 몹시 못마땅했습니다. 그래서 침략할 기회를 엿보던 중 강조가 어린 목종을 폐하고 다른 임금을 세웠다는 구실로 1010년 거란 왕이 직접 40만 대군을 이끌고 쳐들어왔습니다. 이때 개경이 *함락되었으나, 고려와 *강화를 맺고 돌아가는 거란군을 양규의 활약으로 크게 물리쳤습니다.

그 후, 거란은 강동 6주의 반환을 끊임없이 요구했고, 그때마다 고려가 거절하자, 1018년 12월 소배압 장군이 군사 10만을 이끌고 다시 쳐들어왔습니다.

당시 고려는 거란의 2차 침입으로 나라 살림이 어려워져 곤란을 겪고 있었습니다. 더불어 평소 대우를 받지 못해 불만이 많던 *무신들이 난을 일으켜 더욱 혼란스러웠던 때입니다. 고려는 강감찬 장군에게 거란의 침입에 대항하게 하였습니다. 강감찬 장군은 거란군이 흥화진으로 쳐들어올 것이라고 예상하고 그곳에 진을 친뒤, 군사 1만 5천 명을 산속에 숨게 하고 나머지 군사들은 쇠가죽으로 강 상류를 막도록 하였습니다. 강감찬 장군의 예상대로 거란 군사들은 물이 줄어든 강을 건넜습니다.

"거란군이 강을 건너고 있다. 둑을 터뜨려라!"

거란군이 폭포와 같은 물살에 휩싸이자, 숨어있던 고려군은 일제히 거란군을 공격하여 2만의 거란군이 죽었습니다. 소배압은 살아남은 군사로 모든 수단을 다하여 고려군을 공격했으나 계속 실패하였습니다. 거란군은 지칠 대로 지쳐서 물러가게 되었습니다. *퇴군하던 거란군은 귀주를 지날 무렵 강감찬이 거느린 고려군의 기습 공격에 의해 거의 죽고 겨우 수천 명만 살아 돌아갈 수 있었습니다. 이 싸움을 '귀주대첩'이라고 합니다. 을지문덕 장군의 '살수대첩'과 더불어 통쾌한 승리를 거둔 싸움 중의 하나입니다.

이렇게 하여 3차에 걸친 거란과의 싸움은 고려의 승리로 끝나고 거란은 강동 6주의 반환을 포기하게 되었습니다. 그 후, 현종은 압록강 입구에서 동해안의 도련포에 이르는 *천리장성을 쌓아 외적의 침입에 대비하게 하였습니다.

2) 여진 정벌과 별무반

***여진**은 전에 말갈족이었는데, 발해가 멸망한 뒤부터 불린 이름입니다.

여진은 우리 민족 국가인 고구려와 발해의 지배를 받아오며 압록강과 만주 일대에 흩어져 살았던 부족이었으나, '영가'라는 추장과 그의 아들 '우야소'가 부족을 통합하면서 세력이 더욱 커져 고려의 국경을 침범하곤 하였습니다.

고려는 여진족을 얕잡아 보고 여진족을 몰아내려고 하였으나, 말을 탄 기병들을 물리치기가 어려워 패하고 말았습니다. 싸움에서 진 윤관은 기병을 양성할 것을 숙종에게 간청하여 '별무반'을 조직하였습니다. ***별무반**'은 ***기병**으로 구성된 신기군을 중심으로 ***보병**으로 구성된 신보군, 그리고 승려로 구성된 항마군으로 조직되었습니다.

숙종이 여진 정벌의 뜻을 이루지 못하고 세상을 뜨자, 아들 예종은 아버지의 뜻을 받들어 여진 정벌을 결심하였습니다. 여진족이 국경을 침범하였다는 소식이 들리자 예종은 윤관을 도원수로 하여 신기군과 신보군 17만 명을 이끌고 출동케 하였습니다.

훈련이 잘된 신기군과 신보군은 함흥평야에서 여진족을 공격하여 135개의 여진 부락을 휩쓸고 대승리를 거두었습니다. 그리고 함흥평야에 9성을 쌓아 주민을 옮겨 편히 살게 했습니다. 이 성을 동북 9성이라 합니다.

낱말공부

- ***무신** : 신하 중에 군인의 신분인 신하
- ***퇴군** : 전쟁에서 군대를 후퇴시킴
- ***천리장성** : 고려 때 외적의 침입을 막기 위해 압록강 입구에서 동해까지 쌓은 성
- ***여진** : 만주지역에 거주하던 말갈족의 다른 이름
- ***별무반** : 고려 때 윤관이 여진족을 정벌하기 위해 조직한 군대
- ***기병** : 말을 타고 싸우는 병사
- ***보병** : 말이 없이 걸어 다니며 싸우는 병사

3) 몽골의 7차 침입과 삼별초의 항쟁

고려가 *최충헌 일가의 손에서 놀아나면서 국력이 약해지고 국가 기강이 문란해 졌을 때, 중국 대륙에서는 '*테무친'이라는 사람이 나와 몽골족을 통일하고 1206년 자신을 '징기스칸'이라 칭하고 대제국을 건설했습니다.

세계 정복을 꿈꾸던 징기스칸은 고려에 사신을 보내 *공물을 바치도록 하였습니다.
그런데 몽골의 사신 저고여가 공물을 받아 가지고 가던 중 압록강 근처에서 살해된 사건을 핑계로 1231년(고종 18년) 고려를 침략하였습니다.
몽골군이 압록강을 건너와 충청도까지 쳐들어오자, 다급해진 고려는 몽골 장수에게 예물을 바쳐 돌아가게 했습니다.
그다음 해 몽골군이 2차 침략을 할 것이라는 소문이 나돌자, 고려 조정은 내륙국가인 몽골이 해전(바다싸움)에 약한 점을 이용하여 왕실과 신하들을 이끌고 강화도로 옮기게 되었고, 40여 년간 *항쟁하는 동안 다섯 번의 몽골 침입을 받아 고려 백성 20만 명이 포로로 잡혀갔습니다.
그 무렵, 몽골에 포로로 잡혀갔다가 도망쳐온 군사들로 만들어진 '신의군'이라는 부대가 있었는데, 이들은 몽골에 대한 적개심이 대단했고 단결력도 좋아 최씨정권의 우두머리 최의는 야별초에 *좌별초와 *우별초를 더해 삼별초를 만들어 고려의 임시 서울 강화도를 지키게 하였습니다.
이때, 최씨 세력의 *머슴이었던 야별초의 대장 김준에 의해 최의가 피살되어 최씨 정권이 무너지게 되자, 고려 조정은 몽골에 대한 강화의 기운이 감돌았습니다.

"전하! 몽골의 압력도 있고, 백성들의 피해를 줄이기 위해서라도 몽골과 화해를 해야 합니다."

"몽골과 화해를 하란 말인가?"

"그러하옵니다. 강화도를 버리고 나가 본디 서울인 개경으로 돌아가야 하옵니다."

그러나 삼별초 군사들이 끝까지 싸울 것을 주장하자, 고종은 삼별초를 강제로 해산시키라고 명령하였습니다. 이에 흥분한 삼별초 지도자 배중손은 끝까지 싸워 고려를 지키자고 약속을 하고 본거지를 강화도에서 진도로, 진도에서 제주도로 옮겨가며 몽골군에 저항하였습니다.

하지만 1273년 삼별초는 전멸되었습니다.

1270년 왕실과 고려 조정은 개경에 환도하였습니다. 이는 강화도에 천도한 지 39년 만의 일이었습니다. 이때부터 고려는 몽골의 간섭을 받게 되었습니다.

이처럼 7차에 걸친 몽골의 침입은 고려의 백성들을 *도탄에 빠뜨리고, 막대한 인명·재산·문화재의 피해를 입혔습니다.

낱말공부

*최충헌 : 고려 후기의 무신 집권자
*테무친 : 징키스칸의 어릴적 이름
*공물 : 중앙관서와 왕실에 납품했던 물품
*항쟁 : 맞서 싸움
*좌별초, 우별초 : 고려시대의 군대
*머슴 : 남에게 고용되어 농사일이나 집안일을 해 주고 대가를 받는 사내
*도탄 : 몹시 가난하여 어려운 지경

네 번째이야기

조선의 건국과 조선 시대 이야기

1. 조선 건국과 태조 이성계 이야기

2. 한글과 세종대왕 이야기

3. 임진왜란 이야기

4. 분열된 국론을 하나로 하기 위해 노력한 영·정조의 탕평책 이야기

5. 명성황후 시해와 조선의 멸망

조선은 고려 말 국력이 약해지며 외적의 침입이 많아 혼란한 시기를 틈타, 이성계가 중국을 공격하러 가던 중 '위화도'라는 섬에서 군대를 돌려와 고려를 멸망시키고 세운 나라입니다.

조선은 27명의 왕을 거치며 519년간 유지되었으며, 한글을 만드신 세종대왕과 임진왜란을 승리로 이끈 이순신 장군이 활동했던 시기이기도 합니다.

500년 넘게 이어져 온 나라가 서로 자기에게만 유리하게 하기 위한 당파싸움 때문에 나라의 힘이 약해져, 1910년 일본에 나라를 빼앗기고 36년간 일본의 식민 지배를 받는 아픔을 겪기도 했습니다.

자신만을 위한 싸움이 나라를 망하게 할 수도 있습니다.

역사를 통해 나라가 흥하고 망하는 과정을 배우면서, 나라를 위해서 해야 할 일이 무엇인지 느껴보도록 하세요.

역사는 미래로 나아가는 길을 밝혀 주는 등대와 같으며, 우리가 해야 할 일을 깨우치게 해 줍니다.

조선은 어떻게 건국되었으며, 어떻게 망하게 되었는지 원인을 생각하며 공부해 보세요.

01 조선의 건국과 태조 이성계 이야기

　고려 말에 중국 땅에는 큰 변동이 있었습니다. *칭기스칸(원나라를 세워 중국을 정복한 왕)이 세운 원나라가 망하고 새로이 명나라가 들어섰습니다. 명나라는 철령 이북(함경도와 강원도의 경계 지역)의 땅에 일방적으로 *철령위를 설치하고, 이 지역을 요동에 편입시켜 '자기들이 다스리겠다'고 통보해 왔습니다.

　그 이유는 원래 철령 이북은 원나라 땅이었고, 그 원나라를 명나라가 몰아냈으니 그 땅은 이제 명나라 땅이라는 터무니없는 주장을 한 것이었습니다. 명나라의 갑작스러운 요구에 고려는 분하게 생각했습니다. 원나라로부터 철령 이북의 땅을 찾을 때 전투에 참여해 공을 세우기도 했던 *최영은 명나라의 말도 안 되는 요구에 더 분개했습니다.

　당시 최영은 남해안을 비롯한 전국 각지를 침입해 *노략질을 일삼는 *왜구들을 물리쳐 왕과 백성으로부터 *신망을 크게 받고 있었습니다. 그러나 고려는 관리들이 부패하고 무능해 국가질서가 혼란스러웠고, 나라는 안팎으로 매우 어려웠습니다.

 ### 낱말공부

- ***칭기스칸** : 몽골 제국의 제1대 왕, 본명은 테무친. 동서양에 걸친 대제국을 건설하였다.
- ***철령위** : 고려 후기 명나라가 철령 이북의 땅에 설치하고자 했던 직할지
- ***최영** : 고려 말기의 명장·재상
- ***노략질** : 떼를 지어 돌아다니며 사람을 해치거나 재물을 강제로 빼앗는 짓
- ***왜구** : 중국과 우리나라 해안에서 약탈을 일삼던 일본 해적
- ***신망** : 믿고 기대함. 또는 그런 믿음과 덕망.
- ***동분서주** : 동쪽으로 뛰고 서쪽으로 뛴다는 뜻으로 이리저리 바삐 돌아다님
- ***문하시중** : 고려 시대에, 중서문하성의 종1품 으뜸 벼슬.
- ***영광** : 빛나고 아름다운 영예

그런 가운데 최영은 *동분서주하며, 기울어져 가는 나라를 지키는 지도자로서 백성들의 존경을 한몸에 받고 있었습니다.

최영은 당시 최고의 관직인 *문하시중이었습니다.

최영은 건국한 지 얼마 되지 않은 명나라가 내정의 불안정으로 아직은 전쟁에 전력을 다할 수 없다고 판단했습니다.

이러한 사정으로 요동지방은 비어 있었습니다.

최영과 우왕은 이 기회에 고구려 땅인 요동을 차지해 고구려의 *영광을 되찾자고 강하게 주장했습니다.

그러나 최영 밑에서 함께 왜구를 물리쳤던 이성계의 생각은 달랐습니다. 그는 네 가지 이유를 들어 요동을 치는 것이 불가능하다고(4대 불가론) 전쟁을 반대했습니다.

"요동을 치는 것은 불가합니다.

첫째, 작은 나라가 큰 나라를 치는 일은 옳지 않으며

둘째, 농사일로 바쁜 시기에 군사를 움직이는 것은 *부적당하며

셋째, 군대가 요동 정벌에 나서면 왜구가 그 틈을 노릴 것이니 위험하고

넷째, 비가 많이 내리는 여름철이라 활을 무기로 쓸 수 없고, 전염병이 돌아 병사들이 병에 걸릴 위험이 있습니다."

이러한 반대에도 우왕과 최영은 고구려의 옛 땅인 요동을 쳐서 차지하겠다는 *의욕이 강했습니다.

낱말공부

*부적당 : 어떤 기준이나 정도 따위에 알맞지 아니하다
*의욕 : 무엇을 하고자 하는 적극적인 마음이나 욕망
*위화도 : 평안북도 의주군 위화면에 속하는 섬. 압록강 하류에 있으며, 이성계가 명나라를 치러 가던 군대를 돌린 곳으로 유명
*회군 : 군사를 돌이켜 돌아가거나 돌아옴
*정벌 : 적 또는 죄 있는 무리를 무력으로써 침

그러나 최영은 전쟁에 나가기에는 나이가 너무 많았고, 최영을 크게 의지했던 왕은 그가 자신의 곁을 떠나는 것을 원치 않았습니다.

결국, 최영은 우왕과 함께 평양에 남고 조민수, 이성계에게 군사 5만을 주어 요동을 공격하도록 하였습니다.

명나라를 치기 위해 북쪽으로 가던 이성계는 압록강 하류에 있는 *위화도에서 큰비를 만나 섬에 갇히게 되어 압록강을 건너지 못하게 되었습니다. 이성계는 비가 많이 와 다시 돌아갈 것을 왕께 건의하였습니다.

그러나 우왕과 최영은 이때를 놓치면 다시 기회가 안 올 것이라며, 이성계와 조민수에게 요동을 치라고 했습니다.

처음부터 전쟁을 반대했던 이성계는 위화도에서 큰비가 계속되고 강을 건너지 못해 발이 묶인 것을 계기로 조민수를 설득하여 *회군하였습니다.

"명나라와 싸운다면 고려가 패할 것이 분명합니다. 차라리 군사를 돌려 요동 *정벌을 주장한 최영을 몰아냅시다!"

이렇게 해서 이성계는 군사들을 돌려 다시 고려로 쳐들어왔습니다.

이것을 '위화도 회군'이라고 합니다.

　돌연한 사태 변화에 최영은 급히 평양에서 *개경으로 돌아와 회군해 오는 이성계의 군대를 막았습니다. 그러나 대부분 군사를 이성계의 요동정벌군에 내어준 뒤여서 최영에게는 군사가 없었습니다.

　결국, 우왕은 강화도로 쫓겨났고 최영은 잡혀서 *귀양을 가게 되었습니다. 그러나 최영 장군이 살아있는 것이 불안한 이성계는 끝내 최영을 죽이고 말았습니다.
　'황금을 보기를 돌같이 하라.'
　이 유명한 말은 바로 최영장군의 *인품을 말해주는 것이었습니다. 이 말은 원래 최영장군의 아버지가 돌아가시면서 아들인 최영을 불러놓고 한 *유훈이랍니다. 최영장군은 아버지의 유훈을 지키며 평생을 정직하고 깨끗하게 살아 백성의 신망이 높았습니다.
　"위화도에서 군사를 돌린 죄는 하늘이 알 것이다. 요동을 정벌하지 못한 것이 한스럽구나. 만일 내게 잘못이 있다면 무덤가에 풀이 무성할 것이오, 아니라면 풀 한 포기조차 자라지 않으리라!"
　최영은 죽음 앞에서도 *의연함을 잃지 않았습니다. 최영이 죽자, 정말로 그의 무덤에는 풀 한 포기 나지 않았다고 합니다.
　권력을 장악한 이성계는 고려의 마지막왕인 *공양왕을 내쫓고 고려의 왕위에

낱말공부

*개경 : 고려 태조 왕건이 왕위에 오른 이듬해에 궁궐을 새로 지어 도읍지로 정하였던 곳이다
*귀양 : 고려·조선 시대에, 죄인을 먼 시골이나 섬으로 보내어 일정 기간 제한된 곳에서만 살게 하던 형벌
*인품 : 사람이 사람으로서 가지는 품격이나 됨됨이
*유훈 : 사람이 죽으면서 남기는 가르침
*의연함 : 의지가 굳세어서 끄떡없다
*공양왕 : 고려 제34대 마지막 왕. 이성계 일파에 의하여 왕위에 올랐으나 실권을 빼앗겼고, 정몽주가 살해된 뒤에 폐위당하고 살해되었다.
* 태조 : 한 왕조를 세운 첫째 임금에게 붙이던 묘호

올랐습니다. 그러나 많은 고려의 충신들과 백성들은 새 왕을 따르지 않았습니다. 끝까지 고려를 지키고자 했던 충신 72명은 산으로 들어가 버리기도 하였습니다.

결국, 1392년 이성계는 나라 이름을 조선으로 바꾸고 조선을 건국한 *태조가 되었습니다.
그리고 수도를 개경에서 지금의 서울인 한양으로 옮겼습니다.
이때가 1394년(태조 3년) 10월이었습니다.
태조 이성계가 세운 나라 이름이 단군 할아버지가 세운 조선과 똑같았습니다.
그래서 이것을 구별하기 위하여 단군 할아버지가 세운 조선은 '고조선'이라고 하고, 이성계가 세운 나라는 '근세조선'이라고도 합니다.

02 한글과 세종대왕 이야기

　책을 가까이 두고 글 읽기를 매우 좋아했던 *세종대왕은 우리나라에 글자가 없다는 것을 항상 안타깝게 여기고 있었습니다.
　세종대왕은 중국의 글자인 *한자로 우리말을 모두 담아낼 수 없다고 생각했지요.
　'지금 쓰고 있는 한자는 글이 너무 어려워 일반 백성이 쉽게 배울 수 없구나! 모든 백성들이 쉽게 읽고 쓸 수 있는 우리 글자가 있다면 얼마나 좋을까?'
　세종대왕은 우리말을 모두 담아낼 수 있는 우리 글자를 만드는 것이 매우 중요하다는 것을 알고 있었습니다.
　'모든 백성이 글을 알아야 지식을 쌓고, 지식을 쌓아야 농사도 잘 짓고 장사도 잘할 것이다. 그리고 글을 알면 인격도 높아져 살기 좋은 나라가 될 것이다.'
　이렇게 생각한 세종은 새로운 문자를 만들기로 했습니다.
　결심을 굳히자 세종은 *집현전 *학자들을 불러놓고 이렇게 말했습니다.
　"우리나라는 수천 년의 역사를 가진 문화민족이오. 그러나 아직 우리 말을 담아내는 우리 글자가 없으니 매우 부끄러운 일이오. 이제 *과인은 우리나라 문자를 만들려고 하오. 여러분이 학문에 힘써 누구나 쉽게 배우고 쓸 수 있는 우리 글자를 만들어 주길 바라오."

낱말공부

*세종대왕 : 조선의 4대 임금으로 한글을 만듦
*한자 : 중국에서 만들어서 지금도 쓰고 있는 문자
*집현전 : 조선 시대 학문 연구기관
*학자 : 학문에 능통한 사람. 또는 학문을 연구하는 사람
*과인 : 왕이 자신을 가리키는 말 ('나'와 같음)
*귀양 : 죄인을 먼 곳으로 보내어 일정한 기간 살게 하던 형벌
*현명한 : 슬기롭고 이치에 밝음

그리고 실력 있는 학자들을 늘리고, 학문에만 힘쓸 수 있도록 모든 뒷바라지를 다 하였습니다.
어느 날, 세종대왕은 집현전의 학자인 성삼문과 신숙주를 특별히 불러 말했습니다.
"명나라의 유명한 학자 황찬이라는 사람이 죄를 짓고 요동 땅에 *귀양 중이라 하니, 두 사람은 요동으로 가서 그를 만나 도움을 받도록 하오."
그때 마침 명나라의 유명한 학자인 황찬이 우리나라와 가까운 요동 지방에 귀양을 와 있었습니다. 이 소식을 들은 세종이 두 학자를 보낸 것입니다. 이처럼 세종은 나라를 다스리기 바쁜데도 새로운 문자를 만드는데 온 정성을 쏟았습니다.
또 세종은 외국의 학자에게 배움을 요청할 정도로 학문을 사랑하는 *현명한 임금이기도 했습니다.

성삼문과 신숙주는 요동을 오가며 황찬과 나눈 이야기를 세종에게 보고했습니다. 이렇게 노력한 끝에 드디어 1443년, 세종대왕은 우리 글자의 기본이 되는 *닿소리인 자음 17자와 *홀소리인 모음 11자를 합하여 28글자를 만들어 냈습니다. 새로운 문자를 '백성을 가르치는 올바른 소리'라는 뜻으로 '*훈민정음'이라고 이름을 붙였습니다. 이 훈민정음이 바로 지금 우리가 쓰고 있는 한글입니다.

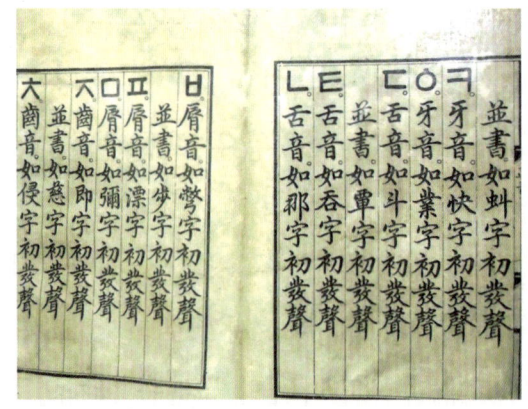

훈민정음

그러나 훈민정음을 만들어 놓고도 어려움이 많았습니다. 세종대왕이 한글을 만들었다는 사실이 알려지자 많은 *대신들과 온 나라의 *양반들이 들고일어나 반대했습니다. 특히 집현전의 부제학으로 있던 최만리는 한글을 *언문이라 부르며 앞장서서 반대했습니다.

"한자를 쓰지 않고 새 글자를 만들어 쓰는 것은 *오랑캐나 하는 짓입니다. 또한, 중국의 앞선 문화를 배우려면 한자를 알아야 합니다."

"나라의 근본은 곧 백성이고, 백성이 지혜롭고 올바르게 생활하려면 무엇보다 먼저 글자를 알아야 한다는 것을 집현전의 대학자인 그대가 어찌 모르는 것이오. 지금 우리가 쓰고 있는 중국문자인 한자는 너무 어려워 일이

낱말공부

*닿소리 : 한글 ㄱ, ㄴ, 등 14개
*홀소리 : 한글 ㅏ, ㅑ, ㅓ 등 10개
*훈민정음 : 세종대왕이 만든 한글의 다른 이름
            '백성을 가르치는 바른 소리'라는 뜻이 있음
*대신 : 벼슬이 높은 사람

*양반 : 고려·조선시대의 지배신분 계층
*언문 : 한글을 무시하여 부르는 말
*오랑캐 : 문화와 풍습이 다른 이 민족을 얕잡아 부르는 말
*반포 : 세상에 널리 퍼뜨려 모두 알게 함

바쁜 백성은 쉽게 깨우치지 못하오. 평생 글 한 줄도 못 읽고 일만 하는 백성이 불쌍하지도 않소?"

세종대왕은 최만리를 크게 꾸짖고, 한글을 반대하는 학자들에게 나라와 모든 백성을 위해서도 우리 글자가 필요하다며 학자들을 설득했습니다.

이렇게 해서 드디어 1446년 9월, 세종대왕은 한글을 온 나라에 *반포하였습니다.

"우리나라 말이 중국과 달라 한자와 뜻이 서로 통하지 못한다. 중국의 한자가 너무 어려워 백성이 자기 뜻을 충분히 표현할 수 없다. 내가 이것을 매우 딱하게 여겨 새로 스물여덟 글자를 만들었으니 누구나 쉽게 익혀 사용하게 하라!"

드디어 우리 글자인 훈민정음이 세상의 빛을 보게 된 것입니다.

　세종이 처음 만든 글자는 28자였지만, 그 후 학자들이 많이 사용하지 않는 4자를 없애고 현재는 24자를 사용하고 있습니다.

　세계의 많은 학자들은 한글을 세계에서 가장 우수한 글자로 인정하고 있습니다.
　한글은 배우기가 너무 쉬워서 1주일만 공부해도 익힐 수 있을 정도입니다. 그래서 우리나라 국민은 글을 모르는 사람이 거의 없고, 그런 점을 세계의 많은 나라가 부러워하고 있습니다.

　언어 연구로 세계 최고의 기관인 영국 *옥스퍼드 대학교 *언어학과에서 세계 모든 문자를 여러 가지 기준으로 *순위를 매겼는데 한글이 1위를 차지했습니다.

　1997년 10월 1일, 유네스코에서는 우리나라 훈민정음을 '세계 기록유산'으로 지정하였습니다.

낱말공부

*옥스퍼드 : 역사가 매우 깊은 영국의 대학교
*언어학과 : 말과 글을 주제로 연구하는 곳
*순위 : 첫째, 둘째 등의 차례

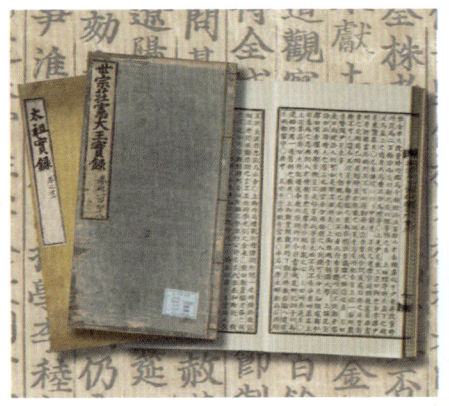
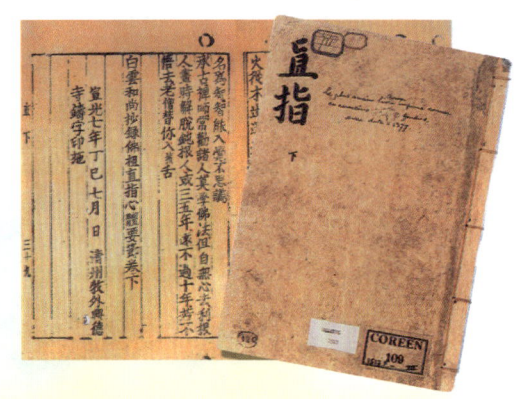

세계 문화유산

03 임진왜란 이야기

　*임진왜란 직전 조선에서는 관리들이 동인, 서인으로 나뉘어 당파싸움을 하며 서로 자신의 이익만을 좇기에 바빠서 백성들의 생활을 돌볼 틈이 없었습니다.

　조선 선조 임금 25년, 1583년 어느 날, *이이는 왕을 찾아가 "나라가 태평하니 군대와 식량이 준비되지 않아 적이 침범해 와도 막아낼 수 없습니다."라며 '10만의 군사를 길러 외적의 침략에 대비하자'고 했지만 받아들여지지 않았습니다.

　그러나 일본이 조선을 침략할지 모른다는 소식에 *조정에서는 황윤길과 김성일을 일본에 사신으로 보내 사정을 알아 오게 했습니다.

　황윤길은 '침략 가능성이 높으니 전쟁에 대비하자'고 했지만, 김성일은 '침략 가능성이 전혀 없다'며 반대했습니다.

　조선 선조 25년 임진년 4월의 어느 날, 남산에 있는 *봉수대에 다섯 줄기의 연기가 피어올랐습니다.

 **낱말공부**

* **임진왜란** : 임진년에 두 차례에 걸쳐 우리나라를 쳐들어온 일본과의 싸움
* **이이** : 신사임당의 아들, 임진왜란에 대비해 10만의 군사를 준비해야 한다고 주장했던 조선 시대 학자
* **조정** : 임금이 신하들과 정치를 의논하거나 집행하는 곳
* **봉수대** : 옛날에 불이나 연기로 소식을 전하던 통신시설
* **통신수단** : 편지나 전화처럼 소식을 전하는 수단
* **한양** : 조선 시대의 수도, 지금의 서울
* **구원병** : 위기를 구원하기 위하여 파견하는 군대나 병사
* **관군** : 국가에서 관리하는 있던 정규 군대

봉수대란 낮에는 연기로 밤에는 불로, 연기나 불의 수에 따라 나라의 급한 일을 전달하는 *통신 수단이었습니다.
　특히 한양에 있는 남산 봉수대는 조선 전 지역의 소식이 모이는 곳이었는데 이날 다섯 줄기의 연기가 피어오른 것이었습니다.

　1592년 4월, 일본의 혼란기를 수습한 도요토미 히데요시는 '명나라로 가는 길을 내달라'는 '정명가도'를 주장하며 20여 만명의 군사를 보내 조선을 침략하여 20여 일 만에 *한양까지 쳐들어왔습니다.

　제대로 준비하지 못한 조선 군대는 여기저기서 패하고 말았으며 선조는 평양성을 거쳐 의주까지 피난 가서 명나라에 *구원병을 요청했습니다.
　전쟁 초기에는 *관군의 거듭되는 패배로 나라 전체가 큰 어려움에 빠졌으며 수많은 사람이 죽고, 온 나라가 짓밟혔습니다.

Tip 봉수대 1개 : 아무 일 없음, 2개 : 적이 나타났음, 3개 : 경계에 접근하였음, 4개 : 경계를 침범하였음, 5개 : 접전 중임

이순신 장군이 거북선을 앞세워 바다에서 일본의 수군을 막아 내며 큰 공을 세우고 있는 동안 육지에서는 *의병이 일어났습니다.

*서산대사나 *사명당 등 스님이 중심이 된 승병, 곽재우, 김천일 등이 이끄는 의병 등 온 백성이 힘을 모아 왜적을 물리치기 위해 싸웠습니다.

 낱말공부

*의병 : 백성들이 스스로 조직한 군대나 병사
*서산대사 : 임진왜란 당시의 의병을 이끌었던 스님
*사명당 : 임진왜란 당시의 의병을 이끌었던 스님
*매복 : 불시에 적을 공격하려고 몰래 숨어 있음

*기습전 : 갑자기 적을 습격하여 소멸하는 전투
*3대첩 : 임진왜란 때 왜군과 싸워 크게 이긴 세 번의 전투 (한산도 대첩, 진주 대첩, 행주 대첩)
*부녀자 : 결혼했거나 성숙한 여자를 일컫는 말

의병이란 나라를 구하기 위해 스스로 일어난 의로운 병사로 마을의 지리에 밝은 이점을 이용해 *매복, *기습전을 벌이며 용감히 왜군을 막아냈습니다. 이처럼 수군과 의병의 활약이 커지고 있는 가운데 명나라의 구원병이 도착했습니다. 조선과 명나라 연합군은 1593년 1월 평양성을 공격하여 되찾았고, 후퇴한 왜군은 행주산성으로 향했습니다. 이때 '권율' 장군의 지휘 아래 화차와 신기전을 앞세워 백성과 관군이 죽을 각오로 싸워서 왜군을 물리쳤습니다.

이것이 바로 임진왜란의 *3대첩 중 하나인 행주대첩입니다. 행주대첩 당시 왜군과의 전투에서 성 안의 *부녀자들은 긴 치마를 잘라 짧게 앞치마를 만들어 입고, 그 치마폭에 돌을 주워담아 병사들에게 운반해 주어 큰 승리를 거둘 수 있었습니다. 이때 입은 앞치마를 부녀자들의 공을 기리는 의미로 '행주치마'라고 부르게 되었습니다.

행주산성

　임진왜란이 시작된 후 *파죽지세로 밀고 오던 왜군을 진주 목사 김시민 장군은 4,000명도 안 되는 병사를 거느리고 3만에 가까운 왜군을 물리쳤습니다. 왜군보다 전력이 매우 부족하였으나 부녀자들까지 힘을 합해 성벽을 기어오르는 적에게 돌을 던지거나 뜨거운 물을 끼얹어 적을 물리쳤습니다.
　그러나 안타깝게도 김시민 장군은 왜군의 총에 맞아 *전사했고, 진주성에서의 패배를 *앙갚음하려고 다시 쳐들어온 왜군에게 성을 빼앗기고 말았습니다.
　이때 진주의 기생 *논개는 남강의 *촉석루라는 곳에서 적의 장군을 끌어안고 뛰어내려 *장렬하게 죽음을 맞이하였습니다. 지금도 매년 9월 9일이면 논개의 *충절을 기리는 제사를 지내고 있습니다.

　7년에 걸친 두 차례의 전쟁으로 온 나라는 폐허가 되고, 조선의 역사를 기록한 *조선왕조실록을 보관하던 창고, 경복궁과 불국사 등 문화재들이 불에 타 손실이 엄청났습니다.

임진왜란에 대한 반성과 후손들에게 교훈을 주기 위해 류성용은 *징비록이라는 책을 남겨 훗날에 있을 어려움에 대비하도록 깨우침을 주고 있습니다.

　　일본의 교토에 가면 세계에서 찾아보기 어려운 '이총'이라는 유적이 있습니다. 조선 사람들의 귀를 베어서 묻어 놓은 귀 무덤이 바로 그것입니다. 그런데 왜 이런 귀 무덤이 생겼을까요?

　　임진왜란과 *정유재란 때 *도요토미 히데요시가 "사람의 귀는 둘이고 코는 하나다. 죽인 조선 사람의 코를 잘라 소금에 절여서 보내라." 라는 상상도 못할 *악랄한 명령을 내렸습니다.

　　그러자 왜군들은 군인과 민간인, 남녀노소를 가리지 않고 1만 명 내외의 귀와 코를 베어 갔습니다.

　　또 왜군은 조선의 도자기 기술자를 일본에 끌고 갔으며 금속활자도 가져가 일본의 문화를 발전시키는 계기가 되었습니다.

　　나라의 힘이 약하면 백성이 이렇게 고통을 당하게 됩니다. 전쟁을 일으킨 일본의 만행을 꼭 기억하여, 이런 슬픈 역사가 되풀이되지 않도록 해야 할 것입니다.

낱말공부

*귀 무덤 : 임진왜란 당시 죽은 조선인의 귀를 베어다가 묻은 무덤 (이총이라고도 함)
*정유재란 : 임진왜란에 이어 일본이 다시 쳐들어온 전쟁, 정유년에 일본이 다시 일으킨 전쟁
*도요토미 히데요시 : 임진왜란을 일으킨 원흉
*악랄한 : 독하고 잔인한
*파죽지세 : 거침없이 물리치고 쳐들어가는 기세
*전사 : 전쟁에서 싸우다가 죽음
*앙갚음 : 자기가 당한 만큼 상대에게 되돌려 주는 일

*논개 : 임진왜란 때 적의 장수를 끌어안고 떨어져 죽은 기생
*촉석루 : 논개가 적장을 끌어안고 떨어진 남강 가에 있는 누각
*장렬 : 씩씩하고 열렬하다
*충절 : 충성스러운 곧은 마음과 생각
*조선왕조실록 : 조선의 역사적 사실을 기록한 책
*징비록 : 류성용이 쓴 임진왜란의 참상을 기록한 책

04. 분열된 국론을 모으기 위해 노력한 영·정조의 탕평책 이야기

　임진왜란을 기준으로 조선 후기로 접어들어서도 *당파싸움은 계속되었습니다.

　이에 영조는 당파 싸움을 해결하고 국론을 통일하기 위해 당파를 초월하여 인재를 고루 뽑아 관리로 등용한 정책, 즉 '탕평책'을 실시하고 '탕평비'를 세우며 당쟁의 해소에 심혈을 기울였습니다.

　영조는 출신을 가리지 않고 능력 있는 사람을 골고루 등용하는 등, 적극적으로 탕평책을 실시하였으나, 이와 같은 영조의 화해 노력에도 뿌리 깊은 당파의 대립은 그 기세가 꺾이지 않았습니다.

　이 과정에서 영조가 반대파의 *모략으로 아들인 '사도세자'를 *뒤주에 가두어 죽게 한 사건이 발생하게 되었습니다.

　영조를 이어 조선의 제22대 왕이 된 '사도세자'의 아들인 정조는 당파싸움의 폐해를 뼈저리게 깨달아 갖가지 개혁 정책 및 탕평을 통해 대통합을 추진하였지만, 갑작스러운 죽음으로 그간 추진했던 각종 정책은 대부분 *폐기 되었습니다.

 **낱말공부**

*당파싸움 : 자신이 속한 집단의 이익을 위해 다른 집단과 벌이는 싸움
*모략 : 다른 사람에게 해를 입힐 목적으로 꾸미는 일
*뒤주 : 옛날에 쌀이나 곡식을 담아 두는 나무로 만든 통
*폐기 : 못쓰게 된 것을 버림

※ '소탐대실(小貪大失)'이라는 말이 있습니다.

　자신의 자그마한 이익을 위해 많은 사람들의 이익을 해치게 된다면 주위 모든 사람들이 힘들어하게 됩니다.

　'나보다는 우리'를 생각하는 넓은 마음을 갖는 일이 중요하며, 가정과 사회, 국가가 발전하고 번영하는 일은 '나'로부터 시작됩니다.

> **Tip** 사도세자. 아들 정조, 한중록, 혜경궁 홍씨
> 　영조가 40이 넘어 낳은 아들인 '사도세자'는 반대당의 모략으로 아버지 영조에 의해 뒤주에 갇혀 8일만에 죽었습니다. 이 때 정조의 나이 11살 이었으며, 정조의 어머니 '혜경궁 홍씨'가 쓴 '한중록'이라는 책에 내용이 전해지고 있습니다.

05 명성황후 시해와 조선의 멸망

　조선 후기 관리들은 백성들의 생활이나 나라의 번영은 안중에도 없이 당파 싸움에 빠져 있었습니다.

　당리당략에 빠져 당파싸움에 여념이 없던 정치지도자들에 의해 조선의 국력은 해가 갈수록 약해지게 되었습니다.

　한편 청나라와의 전쟁(청일전쟁)에서 승리한 일본은, 조선의 발전을 꾀하기 위해 러시아와 가깝게 지내려는 고종황제의 부인 '명성황후'를 일본의 조선 침략에 방해 되는 것으로 판단하여 1895년 자객을 보내 살해하였습니다. 이 사건을 '을미사변(명성왕후 시해사건)'이라고 합니다.

　이 후 일본은 조선의 모든 권력을 잡은 후, 1905년 드디어 '을사늑약'을 *체결하여 조선의 *외교권을 강제로 빼앗아 갔습니다.

 **낱말공부**

*체결 : 계약이나 조약 따위를 공식적으로 맺음
*외교권 : 국가로서 외국과 외교 할 수 있는 권리

이어서 1910년에, 일본은 '한일합방(경술국치)'을 통해 무력으로 조선을 일본의 속국으로 병합하였으며, 1392년에 태조 이성계에 의해 세워져 519년 동안 이어 온 27대 조선왕조는 1910년 일본에 의해 멸망하게 된 것입니다.

이후 조선은 36년 동안의 일본 식민지 지배하에 놓이게 되고, 일본은 태평양 전쟁을 일으키며 조선의 젊은이들을 전쟁터로 내몰았습니다.

나라가 힘이 없어 백성들을 지키지 못해서 백성들의 삶은 곤경에 처하게 되었지만 빼앗긴 나라를 되찾기 위한 우리 국민들의 저항은 계속되었습니다.

> **Tip** 명성황후 시해사건이란?
>
> 1895년(고종 32) 10월 8일 새벽, 조선 주재 일본공사 미우라의 주도하에 일본군 수비대와 경찰 및 일본의 낭인 등이 경복궁을 습격하여 조선의 왕비인 '명성황후'를 살해하고 그 시신을 불태워 버린 야만적 사건입니다.
> 나라가 힘이 없어 겪게 된 우리의 슬픈 역사로 지난날의 잘못을 깨달아 다시는 불행한 역사가 반복되지 않도록 힘을 길러야 하겠습니다.

다섯 번째이야기

가까운 역사 이야기

1. 독립 선언과 3·1 운동 이야기

2. 대한민국 임시정부 이야기

3. 하나로 되기 위한 새로운 마음가짐 이야기

이 단원에서는 36년 동안의 일본 식민지배에서 벗어난 후, 한국전쟁으로 황폐해진 조국을 부강하게 만들기 위한 우리 선조의 노력에 관한 내용을 정리하였습니다.

2차 세계대전이 끝나고 해방을 맞이한 우리나라는 국토가 남과 북으로 갈라지게 되었습니다.
1950년에는 북한의 불법 침략으로 일어난 6·25전쟁으로 다시 온 나라는 황폐해지고 수많은 사람이 죽거나 다쳤습니다.

이 때문에 어려워진 경제를 발전시키기 위해 박정희 대통령이 '새마을 운동'을 전개하게 되고, '한강의 기적'이라고 불리는 세계가 깜짝 놀랄 경제 성장을 이룩하게 되었습니다.

그러나 6·25 전쟁으로, 남과 북으로 나누어진 이산가족은 천만에 이르고 있으며, 세계에서 단 하나뿐인 분단국가 대한민국은 남과 북이 하나가 되는 통일을 위해 아직도 많은 노력이 필요합니다.

조국의 광복과 경제 부흥을 위해 선조들은 어떤 노력을 했었는지 생각하며 공부해보시기 바랍니다.

우리는 선조의 피땀과 희생이 헛되지 않도록 나라를 사랑하는 마음을 가다듬어야 하겠습니다.

01 독립선언과 3·1 운동 이야기

　1910년, 일본은 우리나라의 모든 권한을 빼앗고 강제로 일본과 합치는 '*한일합방조약'을 맺었습니다. 강제로 나라를 빼앗긴 우리나라 국민은 "한일합방(경술국치)은 우리 국민의 뜻이 아니므로 무효"라며 계속 *저항했습니다.
　이때, 미국의 윌슨 대통령이 "세계 모든 나라는 자기 나라의 운명을 스스로 결정할 수 있다."는 '*민족 자결주의'를 *선포했습니다. *식민지배를 당하고 있는 나라들은 억압에서 벗어나 자신들의 나라를 만들 권리가 있으며, 이에 따른 민족 운동은 *정당하다는 것이지요.
　이것은 '나라를 되찾기 위한 독립운동은 정당하다'는 근거가 되었습니다.
　이 '민족 자결주의'는 세계의 모든 힘이 약한 *약소국가들에 큰 힘이 되었으며, 우리나라도 이에 영향을 받아 빼앗긴 나라를 되찾기 위한 독립 투쟁을 시작하게 되었습니다.
　중국과 미국 그리고 일본에서 활동하던 독립 운동가들은 대표단을 조직해 세계에 우리나라 독립의 정당성을 *호소했습니다.
　일본에서 공부하던 유학생들은 3·1운동이 일어나기 한 달 전인 2월 8일 '독립 선언서'를 발표하며 거리로 뛰쳐나왔습니다.

 **낱말공부**

*한일합방조약(경술국치) : 1910년 일본 제국주의가 대한제국을 완전한 식민지로 만들기 위해 강제로 체결한 조약
*저항 : 어떤 힘이나 조건에 굽히지 아니하고 거역하거나 버팀
*민족 자결주의 : 파리 강화회의에서 미국 대통령 윌슨이 제창한 것으로, 한 민족이 그들 국가의 독립 문제를 스스로 결정 짓게 하자는 원칙
*식민지배 : 한나라가 다른 나라의 차별적 지배를 받는 일
*선포 : 세상에 널리 알림
*정당하다 : 이치에 맞아 마땅하다
*약소국가 : 정치·경제·군사적으로 힘이 매우 약한 나라
*호소 : 딱하거나 억울함을 남에게 이야기 함
*독립 선언서 : 3·1 운동 때 한국의 독립을 세계에 알린 문서
*파고다 공원 : 서울의 종로 2가에 있는 공원
*연단 : 연설이나 강연을 위한 약간 높은 곳
*오등 : '우리'를 일컫는 다른 말
*자에 : '지금'을 가리키는 말
*자주민 : 정치, 외교 등 모든 권리를 가지고 있는 독립국의 국민

국내에서는 민족 대표 33인이 모여서 '*독립 선언서'를 만들고 독립운동을 준비해 나갔습니다.

그리고 1919년 3월 1일, '*파고다 공원'을 시작으로 온 나라에서 평화적인 독립 시위를 하기로 했습니다.

"우리의 독립 의지를 평화적으로 일본과 전 세계에 알립시다!"

드디어 1919년 3월 1일, 수만 명의 사람이 파고다 공원(지금의 탑골 공원)에 모였습니다.

오후 두 시가 되자, 한 청년이 *연단으로 뛰어 올라가

"*오등은 *자에 아 조선의 독립국임과 조선인의 *자주민임을 선언 하노라!"

라며 '독립 선언서'를 큰소리로 읽기 시작했습니다.

독립 선언서를 읽어 나가는 동안 참석한 사람들이 감격과 서러움에 겨워 목 놓아 울었습니다.

그토록 바라던 독립이었기 때문이죠.

독립 선언서 읽기가 끝나자 구름처럼 모여든 수많은 사람의 입에서 "만세!" 소리가 우렁차게 터져 나왔습니다.

"대한 독립 만세! 대한 독립 만세!"

 3·1 운동에 참가한 수많은 사람들은 태극기를 흔들며 거리로 뛰쳐나갔습니다. 태극기가 없는 사람들은 맨손으로 만세를 불렀습니다.
 거리는 온통 만세의 함성과 태극기의 물결이었습니다. 그러나 이러한 평화적 시위에 대해 일본은 무자비하게 총을 쏘기 시작했습니다.
 수많은 사람들이 다쳐서 피를 흘리거나 죽었습니다.
 3·1 운동은 불길처럼 *순식간에 온 나라로 퍼져 나갔습니다.
 뜻있는 학생들은 고향으로 돌아가 *시위대를 조직하여 만세 운동을 이끌며 큰 역할을 했습니다.
 이화 학당에 다니던 유관순도 3월 1일 서울에서 만세 운동에 참가한 후, 고향인 천안으로 내려가 만세 운동을 이끌었습니다.
 만세 운동에 앞장섰던 유관순은 안타깝게 일본 경찰에 붙잡혀 모진 *고문을 당했습니다.
 "죄를 뉘우친다면 용서해 주겠다!"
 일본 경찰은 유관순을 *회유하려 들었습니다.
 "죄를 지은 것은 일본이다. 그런데 어찌 죄인들이 *의인에게 죄를 물을 수 있는가? 또한, 나라를 빼앗은 도둑을 몰아내려 한 것이 어찌 죄란 말이냐? 살아서도 죽어서도 나는 독립 만세를 외칠 것이다!"
 유관순은 뜻을 굽히지 않고 감옥에서도 끝까지 '대한 독립 만세'를 외쳤습니다. 그리고 결국 일본의 *가혹한 고문을 받다가 감옥에서 숨을 거두고

 **낱말공부**

*순식간 : 아주 짧은 시간
*시위대 : 자신의 의견을 주장하기 위해 모인 사람들
*고문 : 매로 때리거나 하여 육체적으로 고통을 주는 일
*회유 : 달래서 시키는 대로 하게 하는 일
*의인 : 의로운 사람
*가혹 : 견딜 수 없도록 힘들게 고통을 주는 일

*무력탄압 : 총이나 칼로 억누르는 일
*임시정부 : 정부로 인정받지 못한 사실상의 정부
*독립군 : 나라의 독립을 얻기 위해 만들어진 군대
*광복절 : 일제 강점기에서 해방된 것을 기념하고, 대한민국 정부수립을 경축하는 날, 8월 15일

말았습니다. 그때 유관순의 나이는 꽃다운 16세였습니다.

　유관순의 죽음과 3·1 운동은 온 나라 사람들의 독립의지에 불을 붙였습니다.

　3·1 운동은 일본 경찰의 무자비한 *무력탄압으로 많은 사람이 죽거나 다치고, 감옥에 잡혀갔지만, 독립에 많은 영향을 주었습니다.

　우리나라의 독립의지를 전 세계에 알렸고, 조국 독립에 대한 의지를 다지게 했으며, 대한민국 *임시정부를 세우고 *독립군을 만들어 일본에 저항할 힘을 길렀으며, 다른 나라의 독립운동에도 큰 영향을 끼쳤습니다.

　우리나라는 많은 독립 운동가들의 희생으로 1945년 8월 15일 드디어 일본의 식민지배에서 벗어나 독립을 맞이하게 되었습니다.

　이날을 *광복절이라 하여 해마다 기념식을 열며 기억하고 있습니다.

　항상 나라 사랑하는 마음을 가슴에 새겨야 하겠습니다.

02 대한민국 임시 정부 이야기

온 나라 백성이 들고일어났던 3·1 독립운동이 실패로 돌아가자, 뜻있는 *애국지사들은 독립에 더 도움이 되는 일을 하기로 했습니다.

"우리나라가 독립의 의지를 하나로 모았으나, 결국 실패하고 말았소. 이는 힘을 하나로 묶어서 이끌고 나갈 정부가 없었기 때문이오. 서둘러 임시 정부를 수립하고 *독립 투쟁을 해 나갑시다."

이렇게 하여 임시 정부가 생겨났습니다.

*초창기에는 여럿이어서 각자 행동을 달리했습니다. 임시 정부의 필요성을 느낀 애국지사들은 저마다 독립 투쟁을 벌이던 곳에다 임시 정부를 수립했던 것입니다. 그 때문에 비슷한 시기에 서울과 연해주와 만주 등 여러 곳에 임시 정부가 만들어졌습니다.

임시 정부는 크게 3개가 있었는데 서울에 생긴 한성정부, 상해의 대한민국 임시정부, 연해주의 대한국민 의회가 있었습니다.

"임시 정부가 여러 개 있으면 서로의 의견이 달라 독립운동에 큰방해가 될 수 있소. 정부는 하나로 통일되어야 *일사불란하게 움직일 수 있소. 여러 임시 정부를 하나로 통일해야 합니다."

임시 정부를 하나로 통일해야 한다고 생각한 안창호는 여러 임시 정부의 지도자들을 만나 이 같은 뜻을 전하고 일일이 *동의를 구해 나갔습니다. 임시

 **낱말공부**

*애국지사 : 나라를 위하여 자기의 몸과 마음을 다 바쳐 이바지하는 사람
*독립투쟁 : 일본 식민지배에서 벗어나 주권을 찾으려는 싸움
*초창기 : 어떤 사업을 일으켜 처음으로 시작하는 시기
*일사불란 : 정연하여 조금도 어지러움이 없음
*동의 : 의사나 의견을 같이함
*통합 : 둘 이상의 조직이나 기구 따위를 하나로 합침

정부 지도자들은 안창호의 생각에 모두 동의했습니다. 이렇게 해서 임시 정부는 상해를 중심으로 한 '대한민국 임시정부'로 *통합하기로 했습니다.

 마침내 1919년 4월 13일, 상해를 중심으로 '대한민국 임시 정부'가 수립되었습니다.

 대한민국 임시 정부는 남녀를 차별하지 않고, 계급이 존재하지 않는 평등한 자유의 나라를 만들기로 했습니다. 또한, 독립 투쟁을 더욱 조직적으로 체계화해서 일본과 맞서 싸울 것을 선언했습니다.
그리고 세계에 대한민국이 독립국임을 선언했습니다.

　대한민국 임시 정부는 이승만 박사를 초대 대통령으로 하고 국무총리에 이동휘, 외무총장에 김규식, 내무총장에 안창호 등을 선출했습니다.
　1926년에는 대통령제를 없애고, 김구를 임시정부 주석으로 선출했습니다. 이때부터 임시 정부는 김구 주석을 중심으로 활발하게 활동을 하였습니다. 1945년 해방이 될 때까지 많은 일을 하였습니다.
　임시 정부는 많은 *기구와 *조직을 갖추고 독립운동을 펼쳐 나갔습니다. 나라 안팎에서 *자금을 모아 일본과 맞서 싸우는 독립군에게 폭탄과 무기를 대주었습니다. 그리고 광복군을 조직하여 총사령관에 지청천, 참모장에 이범석을 임명하여 일본군과 조직적으로 싸우도록 했습니다.
　특히 김구는 탁월한 지도력으로 상해 홍커우 공원의 일본 왕 생일축하 식장의 도시락 폭탄 투척사건 등 이봉창 의사와 윤봉길 의사 등의 *의거를 지휘하였습니다. 그리고 일본과 무력으로 맞서기 위해 군인을 양성하는 학교도 세웠습니다. 또한, 우리나라의 독립 정당성과 필요성을 세계에 알리는 외교적인 활동에도 힘을 쏟았습니다. 이 밖에도 임시 정부는 교육기관을 만들어 애국심이 투철한 독립 운동가를 기르는 데에도 힘을 아끼지 않았습니다.
　이렇듯 대한민국 임시 정부는 독립운동과 독립군을 이끌고, 일본군과 싸우는데 중심이 되어 끊임없는 활동을 펼쳤습니다.
　1940년부터 광복군을 만들어 1941년 태평양전쟁이 일어나자 일본과 독일에

낱말공부

*기구 : 많은 사람이 모여 어떤 목적을 위하여 구성한 조직
*조직 : 목적을 달성하기 위하여 만든 집단
*자금 : 특정한 일에 쓰는 돈
*의거 : 정의를 위하여 일함
*선전포고 : 한 나라가 다른 나라에 대하여 전쟁을 시작한다는 것을 공식적으로 알리는 일
*항복 : 적이나 상대편의 힘에 눌리어 굴복함
*승인 : 어떤 사실을 마땅하다고 받아들임
*계승 : 물려받아 이어 나감

각각 *선전포고를 하고 군대를 연합군의 일원으로 필리핀 등 외국에 파견하였습니다. 1944년에는 중국과 새로운 군사협정을 체결하고 독자적인 군사 행동권을 얻어냈습니다.

1945년에는 미군과 함께 우리나라에 들어와 싸우려고 하는 중에 일본이 8월 15일 *항복을 하고 말았습니다.

나라가 해방되었지만, 김구 주석을 비롯한 임시정부 요원들은 개인 자격으로 들어왔습니다. 세계 여러 나라에 *승인이 안 되었기 때문이죠. 대한민국 임시정부의 내각과 정책도 *계승되지 못하였습니다. 그러나 임시정부의 자유주의와 평등 정신 등 여러 정신은 우리나라 헌법의 기초가 되었습니다.

03 하나로 되기 위한 우리의 마음가짐

"이승만 *독재정권은 물러가라!"
"3.15 부정 선거 책임자를 처벌하라!"

4·19 혁명으로 이승만 대통령이 물러나고, 국민이 원하던 *내각 책임제로 민주당 정권이 들어섰습니다.

이어서 1961년 5월 16일, 박정희 소장을 중심으로 하는 군사 쿠데타가 일어나 민주당 정권이 무너지고 군인출신 박정희가 대통령이 되었습니다. 이후 전두환, 노태우 대통령까지 군인 출신이 무려 30여 년을 우리나라를 이끌어 왔습니다.

박정희 대통령은 *경부고속도로건설과 *새마을 운동을 통한 경제개발계획 정책으로 나라를 잘살게 하는데 크게 *이바지했습니다. 그러나 *유신독재를 하고 군인들이 정치하는 *선례를 남기며 민주주의를 많이 억압한 대통령으로 남아있습니다.

낱말공부

*독재정권 : 한 국가의 권력을 한 사람이 쥐고 모든 일을 단독으로 지배, 처리하는 정권
*내각 책임제 : 국회의 신임에 따라 정부가 성립·존속하는 정치 제도
*경부고속도로 건설 : 서울과 부산을 잇는 고속 도로. 1970년 7월에 개통되어 서울과 부산이 일일생활권으로 되었다.
*새마을 운동 : 새마을 정신을 바탕으로 생활환경의 개선과 소득 증대를 위한 지역 사회 개발 운동
  1970년에 박정희 대통령의 제창으로 시작하였다.
*이바지 : 도움이 되도록 함.
*유신독재 : 낡은 제도를 고쳐 새롭게 하는 과정에서 모든 일을 독단으로 처리함
*선례 : 이전부터 있었던 사례   *공화국 : 주권이 국민에게 있는 나라를 이른다.
*연합군 : 전쟁에서 둘 혹은 둘 이상의 국가가 연합하여 구성한 군대
*민간인 : 관리나 군인이 아닌 일반 사람. 흔히 보통 사람을 군인에 상대하여 이르는 말
*판문점 : 경기도 파주시 진서면 군사 분계선에 걸쳐 있는 마을. 1953년 7월 27일에
  휴전 협정이 조인(調印)된 곳이며, 북한군의 군사 정전 위원회 회의실,
  중립국 감독 위원회 회의실 따위가 있다.
*휴전 : 교전국이 서로 합의하여, 전쟁을 얼마 동안 멈추는 일

1) 제1공화국의 탄생

1948년 우리나라는 처음으로 남한만의 단독 선거로 이승만의 자유당 정부가 제1*공화국을 세웠습니다.

해방된 지 얼마 되지 않아 나라가 혼란스러운 시기였습니다.

1950년 6월 25일 새벽, 북한의 김일성이 갑자기 남한을 공격해 왔으니, 이것이 6·25전쟁입니다.

민주주의와 자유를 지키기 위해 국군과 미군, 그리고 전 세계 16개국에서 모인 *연합군이 북한군에 맞서서 싸웠습니다.

우리 국군과 *민간인은 물론 연합군도 큰 피해를 보았습니다.

3년간 계속된 전쟁은, 1953년 *판문점에서 *휴전을 하기로 하고 멈췄지만, 전쟁은 아직 끝난 것이 아니라 잠시 쉬고 있는 것뿐이랍니다.

6·25전쟁으로 나라는 황폐해졌고, 삶의 터전이 무너졌습니다.

전쟁으로 많은 사람이 죽거나 다쳤으며, 가족과 헤어지게 되었습니다.

북쪽에서 내려온 피난민들이 남쪽에 모여 살게 되면서, 많은 이산가족이 생겨 지금까지 헤어진 가족을 그리워하며 지내고 있습니다.

2) 제2공화국

　이승만 자유당 정부는 1960년 4·19혁명에 의해 막을 내리고, 제2공화국이 탄생하게 됩니다.
　혁명을 주도했던 학생 세력과 정권을 운영하는 정치인들 사이에 틈이 생겨 의견이 하나로 뭉쳐지지 못했습니다.
　그래서 사회는 혼란에 빠졌고, 경제 또한 어려웠습니다.
　나라 살림이 어려워 외국에서 보내 준 *원조에 의존해 살아야 했으며, 봄철에는 먹을 것이 없어 굶어 죽는 사람도 있었습니다.
　일하고 싶어도 일자리가 없었으며, 한 교실에 70여 명 넘는 학생들이 오전반과 *오후반으로 나눠서 공부했습니다. 또한, 살 집이 없어서 판자로 집을 지은 *판자촌이 생겨났고, 높은 산에 집을 지어 *달동네도 생겨났습니다.

 낱말공부

*원조 : 물품이나 돈 따위로 도와줌
*오후반 : 교실이 부족하여 오전에 다른 학년 수업이 끝난 후 오후에 수업함
*판자촌 : 나무판자 등으로 엉성하게 지은 집
*달동네 : 높은 언덕에 지은 가난한 사람들이 모여 사는 마을
*군사정변 : 1961년 5월 16일, 박정희 장군을 중심으로 한 소장 장교들이 일으킨 정변
*증산 : 생산을 늘림
*근검 : 부지런하고 검소함
*절약 : 함부로 쓰지 아니하고 꼭 필요한 데에만 써서 아낌
*부흥 : 쇠퇴하였던 것이 다시 일어남
*화학공업 : 일반적으로 합성·분해·중합(重合)·발효 등
　　　　　　화학적 공정을 주로 한 생산 방법을
　　　　　　행하는 제조업
*성과 : 이루어 낸 결실

3) 제3공화국 탄생

　1961년 군인들이 나라를 바로 세우고, 질서를 잡겠다며 5·16 *군사정변을 일으켰습니다.
　박정희 시대가 열리면서, 가난에 찌든 나라를 구하겠다고 1962년부터 제1차 경제개발 5개년 계획을 시작하여, *증산, 수출, 건설만이 살길이라고 국민들을 설득했고, 성공하였습니다.
　국민투표를 통해 1963년 12월 17일 제5대 박정희 대통령이 취임하고 제3공화국이 시작되었습니다.
　이어서 제2차 경제개발 5개년 계획도 발표했습니다.
　나라에서는 *근검, *절약, 저축으로 나라를 *부흥시키자고 했고, 국민들이 모두 참여해서 열심히 일했습니다.
　또 나라에서는 본격적으로 공업화와 농업의 근대화에 힘을 쏟았습니다. 공업화는 철강, 기계, *화학공업을 중요시했고, 놀라운 *성과를 거두면서 우리나라의 경제가 발전하기 시작했습니다.

4) 새마을 운동과 한강의 기적

우리나라는 전쟁으로 황폐해져 있었고, 가난으로 국민들의 삶은 *궁핍했습니다.

그러나 짧은 기간에 어려움을 털고 일어나, 빠르게 성장하는 국가로 탈바꿈하게 되었습니다. 이를 두고 독일이 잘살게 된 '라인강의 기적'에 빗대어 '한강의 기적'이라고 부르게 되었습니다.

한강의 기적을 이룬 *원동력은 바로 '새마을 운동'이었습니다.

'새마을 운동'은 1970년 4월 22일부터 시작되었으며, 이 운동은 *근면, *자조, *협동을 목표로 농촌을 잘 살게 하려고 추진되었습니다.

철근과 시멘트를 무료로 주어 지방의 도로를 넓히고, 강둑을 쌓고 다리를 놓았습니다. 성과가 나기 시작하면서 '직장 새마을 운동', '공장 새마을 운동'으로 넓혀갔습니다.

새벽이면
'새벽종이 울렸네,
새 아침이 밝았네,
너도나도 일어나 새마을을 가꾸세.'라는
노래가 흘러나왔습니다.

낱말공부

*궁핍 : 몹시 가난함
*원동력 : 어떤 움직임의 근본이 되는 힘
*근면 : 부지런히 일하며 힘씀
*자조 : 자기의 발전을 위하여 스스로 애씀
*협동 : 서로 마음과 힘을 하나로 합함

이 운동은 다시 도시 새마을 운동으로 이어져, 도시의 생활환경을 좋게 바꾸고, 발전이 덜 이루어진 곳의 개발로 이어졌습니다.
 국민들은 '새마을 운동'으로 삶의 자세가 변했고, '하면 된다.'는 자신감을 얻게 되었습니다.

 '새마을 운동'으로 온 국민이 하나가 되었고, 사람들이 깨어나기 시작했으며, 그것은 '한강의 기적'으로 연결되게 되었습니다.

5) 하나 되기 위한 새로운 마음가짐

국민은 군인들이 나와서 민주주의를 억압하고 무력으로 정치하는 세상을 더는 바라지 않게 되었습니다.

"다음 대통령 선거는 국민이 직접 뽑는 *직선제로 하겠습니다."

1987년 6월 29일, 노태우 후보는 국민의 민주화 요구를 받아들인다는 이른바 *6.29선언을 발표하였습니다.

그러나 민주화 진영은 김영삼과 김대중이 둘로 갈라져 서로 대통령이 되어야 한다며 싸웠습니다. 결국, 두 사람은 당선에 실패하고 또다시 군인 출신 노태우가 당선되었습니다.

5년 뒤, 1992년 12월 대통령선거에서 김영삼이 14대 대통령으로 당선되었습니다. 32년 만에 군인 출신이 아닌 *민간인 출신이 대통령에 당선된 것입니다.

김영삼은 군인 출신이 아닌 순수한 민간인 출신이 대통령이 되었다는 뜻으로 '문민정부' 라고 했습니다.

 **낱말공부**

* **직선제** : 국민이 직접 선거를 통하여 대표를 선출하는 제도
* **6.29선언** : 노태우 여당 대표가 민주화 조치 실현을 대통령에게 건의하는 형식으로 발표한 선언.
* **민간인** : 관리나 군인이 아닌 일반 사람. 흔히 보통 사람을 군인에 상대하여 이르는 말
* **부실 금융** : 부실기업을 살리기 위하여 금융 기관에서 새로이 융자하여 주는 자금.
* **외환위기** : 국외 거래에 필요한 외환을 확보하지 못하여 국가 경제에 치명적인 타격을 입게 되는 현상.
* **실업자** : 경제 활동에 참여할 나이의 사람 가운데 직업이 없는 사람
* **정권교체** : 여당에서 야당으로 정권이 교체되는일
* **국민의 정부** : 국민이 주인이기 때문에 국민주권을 존중하는 정부가 되겠다는 의지
* **금 모으기 운동** : 1997년 IMF 구제금융 요청 당시 대한민국의 외채를 갚기 위해 시민들이 자발적으로 자신이 소유하던 금을 나라에 기부했던 운동
* **아나바다 운동** : IMF 구제금융 요청 사태가 발생한 후 대한민국 국민들이 불필요한 지출을 줄이자고 만든 운동으로 '아껴쓰고, 나눠쓰고, 바꿔쓰고, 다시쓰고'의 준말이다.

우리나라는 1997년 12월, 부실 기업 경영과 *부실금융이 드러나 *외환위기를 맞게 되어, 나라의 기업이 무너지고 공장이 문을 닫고 *실업자가 거리로 쏟아져 나왔습니다.

외환위기와 함께 1997년 12월, 김대중은 제15대 대통령에 당선되었습니다.
김대중은 우리나라 역사상 최초로 선거를 통해 야당에서 대통령으로 당선되어 *정권교체를 이루었습니다.
김대중은 국민의 힘으로 정권을 교체했다는 뜻으로 '*국민의 정부'라고 했습니다.
외환위기를 떠안은 김대중 대통령은 지혜롭게 온 국민의 마음을 하나로 모아 *금 모으기 운동과 *아나바다 운동을 펼치며 외환위기를 무사히 넘겼습니다.

김대중 대통령은 2000년 6월 15일, 해방과 동시에 남북으로 갈라진 이후 남한의 대통령으로서는 처음으로 평양을 찾아가 북한의 최고지도자 김정일 위원장과 대화했습니다.

남북의 최고지도자가 만나 남북화해를 하고 같은 민족으로서 공동으로 협력하며 잘살아 보자는 역사적인 *정상회담을 한 것입니다.

이후 김대중 대통령은 우리나라 사람으로는 처음으로 세계 최고 권위 있는 *노벨 평화상까지 받았습니다.

2002년 12월, 대통령 선거에서는 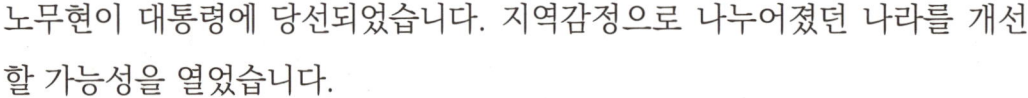 노무현이 대통령에 당선되었습니다. 지역감정으로 나누어졌던 나라를 개선할 가능성을 열었습니다.

*참여정부를 내걸고 국민에게 가까이 다가가려고 애쓴 *소박한 대통령이었습니다.

그는 *퇴임 후 고향으로 내려가 국민과 계속 *소통하는 대통령이라는 모습을 남겼습니다.

 ### 낱말공부

*정상회담 : 두 나라 이상의 우두머리가 모여 하는 회담.
*노벨 평화상 : 세계 평화에 이바지한 공이 큰 사람에게 수여되는 상
*참여정부 : 국정운영에서도 국민의 참여가 핵심 역할을 할 것이라는 뜻으로 노무현 대통령의 정부를 말함
*소박한 : 꾸밈이나 거짓이 없고 수수하다.   ***퇴임** : 비교적 높은 직책이나 임무에서 물러남
*소통 : 뜻이 서로 통하여 오해가 없음   ***격동** : 정세 따위가 급격하게 움직임
*해방 : 구속이나 억압, 부담 따위에서 벗어나게 함. 일본 지배에서 벗어남
*반세기 : 한 세기의 절반. 50년을 이른다.
*분단국가 : 본래는 하나의 국가였으나 전쟁 또는 외국의 지배 따위 때문에 둘 이상으로 갈라진 국가

2007년 12월 경제 대통령을 내세운 이명박 후보가 대통령에 당선되었습니다. 이명박 대통령은 민간 기업 최고 경영자 출신답게 부지런한 대통령으로 유명합니다.

돌이켜보면 지난 20세기는 우리 민족에게 *격동의 세월이었습니다.
36년간의 일제 식민 지배의 아픔을 겪었습니다. *해방되었지만 나라가 남북의 둘로 갈라지고, 어리석게도 6·25 전쟁까지 일어나 수많은 사람이 죽고 피를 흘린 고통을 겪었습니다. 전쟁으로 온 나라가 폐허가 되었습니다.
박정희 대통령의 경제개발계획과 새마을 운동은 우리나라를 잘살게 하는 기틀이 되었습니다.

광복 이후 *반세기가 넘도록 남과 북은 서로 다른 길을 걸어왔습니다.
그리고 마침내 2000년 6월 15일, 평양에서 남한의 대통령 김대중과 북한의 최고 지도자 김정일이 만나 대화하며 감격스러운 포옹을 나누었습니다. 50여 년 만에 이루어진 남북 정상의 만남은 우리 민족이 하나라는 사실을 다시금 일깨워 주는 기회가 되었습니다.
이제 서로 다름을 인정하고, 모두 하나 되기 위한 새로운 마음이 필요한 때입니다.
세계에서 마지막 남은 하나뿐인 *분단국가라는 부끄러운 이름을 벗을 수 있도록 노력해야겠지요?

그렇게 될 때, 다 함께 손에 손을 잡고 통일과 평화를 노래하는 통일의 그날이 올 것입니다.
우리 다 함께 노력합시다.

6) 인류 평화를 지향하며

우리나라는 할 일이 많아졌습니다.

경제와 무역 규모가 커지게 되면서 가난한 나라들을 돌봐 세계평화와 인류의 행복을 위해 *이바지할 책임을 안게 됐습니다.

① UN 평화유지군

국제연합 안전보장 이사회는 *분쟁이나 어려움을 겪는 나라에 군대를 파견하고 있습니다. 1948년 이스라엘에서 처음으로 시작한 평화유지군은 많은 일을 하고 있습니다. 이들은 유엔이 정한 분쟁지역에서 활동합니다. 근무할 때는 푸른 헬멧을 쓰고 근무를 해서 '블루 헬멧'이라는 별명도 가지고 있습니다.

한국전쟁 때 도움을 받은 우리나라도 여기에 참여하고 있습니다.

이제는 한국평화유지군이 세계에서 활동하면서 그때 받았던 도움을 갚고 있습니다. 소말리아에 '*청해 부대'를 파견하였으며, 이어서 1997년에는 '*상록수 부대'가 동티모르를 비롯하여 레바논, 아이티에서도 활동했습니다.

② 원조를 받는 나라에서 원조를 주는 나라로

6·25전쟁으로 나라가 황폐해진 우리나라는 미국이 주도해 많은 *원조물자를 받았습니다. 주로 헌 옷과 밀가루, 분유, 콩 등 먹을 수 있는 것들이었습니다.

낱말공부

*이바지 : 도움이 되게 함
*분쟁 : 말썽을 일으키어 시끄럽고 복잡하게 다툼
*상록수 부대 : 동티모르에 파견된 한국의 평화유지활동 부대

*원조 : 물품이나 돈 따위로 도와줌
*설립 : 기관이나 조직체 따위를 만들어 일으킴
*방향 : 어떤 뜻이나 현상이 일정한 목표를 향하여 나아가는 쪽

그러나 현재는 '한국 국제 협력단'을 *설립해서 세계 44개 나라에 원조 사업을 진행하고 있습니다.

국제 원조를 받던 나라가 이제는 국제 원조를 하는 나라로 바뀌게 되었습니다. 이 놀라운 기적은 부지런한 국민이 있었기에 가능했습니다.

7) 우리가 나아가야 할 방향

위대한 대한민국은 자랑스러운 나라입니다.
지금부터는 우리가 나아갈 *방향을 살펴 보기로 해요.

① 새로운 에너지 개발

집에서 사용하는 전기나 가스, 그리고 자동차에 필요한 휘발유 등을 에너지라고 합니다.

에너지는 바로 석유나 석탄, 그리고 가스가 주원료인데 우리나라에서는 석유나 가스가 전혀 생산되지 않습니다.

우리나라가 60년대 이후 경제 발전을 계속하고 있을 때, 경제발전을 위해 석유가 많이 필요했습니다.

그런데 석유 값이 끝없이 오르기 시작하여 경제가 어려웠던 때가 있었습니다. 이것을 '오일쇼크'라고 합니다.

석유는 한정되어 있는데, 쓰이는 곳은 많아서 앞으로도 석유 값은 더 오를 수밖에 없습니다. 이 문제를 해결하기 위해서는 새로운 에너지를 찾아야 합니다.

② 원자재 확보

우리나라는 *수출을 해서 우리나라에 필요한 물건들을 사오고 있으며, 수출을 많이 하려면 물건을 만드는 데 필요한 재료가 있어야 합니다.

그러나 우리나라에는 재료가 많지 않아 모두 *수입해서 써야 합니다.

*원료가 있어야 하는 것은 다른 나라들도 마찬가지여서, 모든 나라가 원료를 구하기 위해 많은 노력을 기울이고 있습니다.

이것을 '자원전쟁'이라고 하지요.

만일 우리나라가 수출할 물건을 만들기 위한 원료를 구하지 못한다면, 어떻게 될까요?

수출할 물건을 만들지 못하게 되어 일자리가 없어지고, 경제는 어려워지게 되겠지요?

그래서 여러분들이 나서서 그 길을 개척해야 할 것입니다.

③ 남북통일과 이산가족 문제의 해결을 위한 우리의 노력

우리나라는 같은 민족이면서도 남과 북으로 나누어진, 세계에서 단 하나뿐인 *분단국가입니다.

같은 단군 할아버지의 자손이면서도 서로 총부리를 겨누고 미워하는 것은 옳은 일이 아니지요?

우리 국민 모두 힘을 모아서 반드시 통일을 이루도록 노력해야 하겠습니다.

 낱말공부

*수출 : 국내의 상품이나 기술을 외국으로 팔아 내보냄
*수입 : 다른 나라로부터 물품을 사들임
*원료 : 어떤 물건을 만드는 데 들어가는 재료
*분단국가 : 나라가 둘로 나누어져 있는 국가

④ 세계 일등을 향하여!

우리는 지금까지 앞만 보고 힘차게 달려왔습니다.

이제는 앞으로 나서야 합니다.

마라톤 경주에서도 앞서 달리는 사람은 바람을 맞으며 달리기 때문에 힘들다고 합니다.

마찬가지로 세계 일등을 향해 가는 길은 무척 힘듭니다.

하지만 여러분들이 이 일을 반드시 해내야 하며, 아무도 가보지 못한 새로운 길을 개척해야 합니다.

이것이 신기술이고, 새 분야이며, 세계 일등으로 나아가는 길입니다.

여러분은 할 수 있습니다. 여러분이 이 길을 개척해 보세요!

朱子 十悔 訓 (주자십회훈)

옛 성현의 깊은 뜻이 담긴 가르침으로 마음에 새겨 두고, 인생의 등불로 삼아 올바른 삶을 살아갈 수 있도록 합시다.

① **불효부모 사 후회 (不孝父母 死 後悔)** - 효도를 강조
  부모에게 효도하지 않으면 돌아가신 뒤에 후회한다.

② **불친가족 소 후회 (不親家族 疏 後悔)** - 가족 사랑을 강조
  가족끼리 친하게 지내지 않으면 멀어진 뒤에 후회한다.

③ **소불근학 노 후회 (少不勤學 老 後悔)** - 학문에 힘 쓸 것을 강조
  어려서 학문에 힘쓰지 않으면 늙어서 후회한다.

④ **안불사난 패 후회 (安不思難 敗 後悔)** - 게으름을 경계하는 가르침
  편안할 때 어려움을 생각하지 않으면 실패한 뒤에 후회한다.

⑤ **부불검용 빈 후회 (富不儉用 貧 後悔)** - 근검 절약을 강조
  풍족할 때 아껴쓰지 않으면 가난해진 뒤에 후회한다.

⑥ **춘불경종 추 후회 (春不耕種 秋 後悔)** - 시의에 맞게 행동할 것을 강조
  봄에 씨뿌려 가꾸지 않으면 가을에 후회한다.

⑦ **불치원장 도 후회 (不治垣墻 盜 後悔)** - 모든일에 항상 주의할 것을 강조
  문단속을 잘하지 않으면 도둑맞은 뒤에 후회한다.

⑧ **색불근신 병 후회 (色不謹愼 病 後悔)** - 음난에 빠짐을 경계하는 말
  이성 사귐을 삼가지 않으면 병든 뒤에 후회한다.

⑨ **취중망언 성 후회 (醉中妄言 醒 後悔)** - 음주(술)를 경계하는 말
  술에 취해 헛된 말을 하고 술 깬 뒤에 후회한다.

⑩ **부접빈객 거 후회 (不接賓客 去 後悔)** - 이웃 섬김의 실천을 강조
  손님을 제대로 대접하지 않으면 떠난 뒤에 후회한다.

모든 일에는 항상 때가 있고, 때를 놓치면 뉘우쳐도 소용없음을 강조한 말입니다. '제때에 반드시 해야만 하는 일, 하지 않으면 반드시 후회하게 되는 일'에 대한 가르침을 정리한 말로 가슴에 새겨 두기 바랍니다.

한 권으로 배우는 한국의
역사와 문화 이야기

문화편

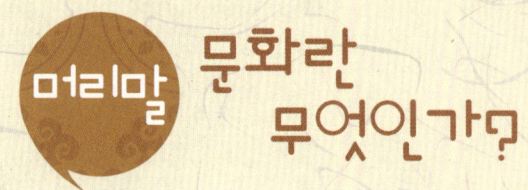

머리말 문화란 무엇인가?

문화란 사람들이 생각하고 생활하는 모든 것을 말합니다.
우리나라 사람들의 생각과 생활양식을 한국문화라고 하지요.
문화에는 민족의 생각과 감정 등이 담겨 있어서 그 민족을 알려면 문화를 이해해야 합니다.

우리나라는 오천 년의 오랜 역사와 빛나는 문화적 전통을 갖고 있으며 주변 강대국들의 잦은 침략에도 굴하지 않고 오늘날까지 꿋꿋이 이어져 내려오는 자랑스러운 민족입니다.

한때는 문화적 열등감에 빠져 급속히 밀려온 서구문화에 의해 우리 문화의 정체성이 위협받기도 하였으나, 강인한 정신력을 바탕으로 지금은 우리 문화가 세계 속에서 찬란한 빛을 발하고 있습니다.

우리 것을 지키고 그것을 후손에게 전해 주어 이 나라가 역사에 길이 남을 수 있도록 정신과 문화를 다듬고 가꾸어야 할 막중한 책임이 우리 모두에게 있습니다.

 그래서 이 책에는 우리 조상들의 생각과 정신을 엿볼 수 있는 민족의 문화를 다루어 여러분이 자랑스러운 한민족의 후예임을 일깨워 주는 내용을 담았습니다.

 어려운 말이 많아 이해가 힘든 부분도 있겠지만, 책을 읽어 가며 우리 민족 문화를 이해할 수 있도록 해 보세요.

 우리 후손들이 세계 어느 곳에서 살든지 우리의 것을 지키며 세계 속에 한국인으로 우뚝 설 수 있기를 소망합니다.

저자 씀

첫 번째이야기

우리나라 대한민국

1. 우리나라의 이름

2. 우리나라의 국기

3. 우리나라의 국가

4. 우리나라의 꽃

5. 우리나라의 수도

6. 우리나라의 인구와 면적

7. 우리나라의 글, 한글

01 우리나라의 이름

여러분이 모두 이름을 갖고 있듯이 우리나라도 이름이 있습니다.

'대한민국' 줄여서 '한국'이라고도 부릅니다.

우리나라 사람들은 예로부터 어른을 공경하고 질서를 잘 지킨다고 하여 예의가 바른 나라, 즉 '동방예의지국'이라고 합니다.

또 외국인들 사이에서는 '사람들이 점잖고 차분하다.'고 해서 '고요한 아침의 나라'라고도 부르지요.

02 우리나라의 국기

태극기

나라를 상징하는 깃발을 '국기'라고 하는데, 우리나라를 상징하는 국기의 이름은 '태극기'입니다. 1883년 조선의 국기로 채택되고 1948년부터 대한민국의 국기로 사용되고 있습니다.

태극기는 밝음과 순수, 평화를 사랑하는 민족성을 나타내기 위해 흰바탕에 그렸습니다. 가운데 있는 '태극' 무늬는 자연의 조화와 진리를 나타내고 있습니다.

태극기의 네 귀퉁이에 그려져 있는 4개의 괘는, 위쪽 왼편부터 시계 반대 방향으로 건·리·곤·감으로, 각각 부르는 이름이 있습니다.

'건'은 하늘을, '리'는 불을, '곤'은 땅을 '감'은 물을 각각 상징합니다. 이들은 가운데 태극무늬를 중심으로 통일의 조화를 이루고 있습니다.

우리 민족이 나라를 빼앗겨 고생했던 때가 있었습니다.

멀리서도 태극기를 보면 꼭 가볍게 인사하며, 항상 나라 사랑하는 마음을 간직하도록 합시다.

03 우리나라의 국가

애국가란 '나라를 사랑하는 마음으로 온 국민이 부르는 노래'라는 뜻이 담겨 있으며 우리나라를 상징하는 노래입니다.

애국가의 작사자(노랫말을 쓴 사람)는 알려져 있지 않았으며, 작곡자는 안익태 선생으로, 안익태 선생은 일본에 나라를 빼앗겨 어려움을 겪고 있는 국민들에게 '나라 사랑하는 마음'을 일깨워 주고자 작곡하였습니다.

'애국가'는 해방 후 1948년, 대한민국 정부 수립과 함께 '국가'로 지정되었습니다.

애국가를 부를 때는 항상 나라 사랑하는 마음을 가지고 불러야 합니다.

04 우리나라의 꽃

무궁화

'영원히 피고 또 피어서 지지 않는 꽃'이라는 뜻이 있는 무궁화는 우리나라를 상징하는 꽃입니다.

1907년 애국가에서 '무궁화 삼천리 화려강산~'이라고 불리면서 한국의 꽃으로 지정되었습니다.

조선 시대에는 과거에 급제하면 '어사화'라 하여 무궁화를 머리에 꽂았으며, 현재 한국의 가장 영예로운 훈장도 '무궁화 대훈장'입니다.

여러분!

우리나라를 상징하는 세 가지, 태극기와 애국가, 무궁화를 꼭 기억해 두어야 합니다.

05 우리나라의 수도

나라를 대표하고 대통령이 살며 나라의 중요한 기관들이 모여 있는 도시를 수도라고 합니다. 우리나라의 수도는 '서울'입니다.

06 우리나라의 인구·면적

우리나라 남북한 인구는 약 7천 오백만 명(남한은 약 오천만 명)이며, 면적은 남북한 22만km^2 (남한은 99,720km^2)로 매우 작습니다.

07 우리나라의 국어 _ 한글

우리나라 사람들은 우리나라 말, 즉 한국어를 씁니다.

한글은 오래전 세종대왕이 글을 몰라 고생하는 백성들을 위해 만드셨습니다.

처음에는 '*훈민정음' 즉 '백성을 가르치는 바른 소리'라고 불렀으나 후에 '한글'로 이름이 바뀌게 되었습니다.

한글은 오랜 세월에 걸쳐 다듬어진 다른 나라의 글자와 달리, 왕이 백성을 위해 오랫동안 연구하여 만든 아주 인간적인 글이며, 세계 어느 나라 말도 쉽게 따라 쓸 수 있는 과학적인 글입니다.

한글은 세계에서 가장 배우기 쉬운 글로 *유네스코에서도 인정한 글이며, '부지런히 배우면 일주일 만에도 배울 수 있을 정도'로 쉬운 글자입니다.

 **낱말공부**

*훈민정음 : 백성을 가르치는 바른 소리라는 뜻으로, 1443년에 세종이 창제한 우리나라 글자를 이르는 말
1997년에 유네스코 세계 기록 유산으로 지정되었다. 국보 제70호
*유네스코 : 국제 연합 교육 과학 문화 기구(국제 연합 전문 기관의 하나 UNESCO)

08 국경일과 국가 기념일, 공휴일

국경일은 국가적인 경사로운 날을 축하하기 위하여 법으로 정하고 온 국민이 기념하는 날을 말합니다.

우리나라는
   삼일절(3월 1일), 제헌절(7월 17일), 광복절(8월 15일),
   개천절(10월 3일), 한글날(10월 9일)
이렇게 5일을 국경일로 정하고, 해마다 공휴일로 정해서 기념식을 열어 경축하고 있습니다. 하지만 2008년부터 국경일 중 공휴일이던 제헌절을 '쉬지 않는 국경일'로 정하여 유일하게 쉬지 않고 있습니다.

국가 기념일은 특정한 일이나 의미 있는 사건을 기념하기 위해 국가에서 정한 날로
   어린이날(5월 5일), 어버이날(5월 8일), 현충일(6월 6일),
   식목일(4월 5일), 6·25사변일(6월 25일) 등 45개가 정해져 있습니다.
원래 공휴일은 아니지만, 현충일과 어린이날은 공휴일로 지정되었습니다.

또 공휴일은 국가에서 정한 휴일, 즉 우리가 달력에서 볼 수 있는 빨간 날을 말하는 것이지요. 현재 일요일을 제외한 공휴일은
   신정(1월 1일), 설날(음력 1월 1일 전후 3일), 삼일절(3월 1일),
   석가 탄신일(음력 4월 8일), 어린이 날(5월 5일), 현충일(6월 6일),
   광복절(8월 15일), 추석(음력 8월 15일 전후 3일), 개천절(10월 3일),
   한글날(10월 9일), 성탄절(12월 25일)로 모두 15일입니다.

그중 몇 가지의 의미만 알아보면,

삼일절(3월 1일)은

　1919년 3월 1일 *정오에 파고다 공원에서 자주독립을 선언하며 평화적 만세 시위를 했던 날을 기념하기 위해 지정된 날입니다.

현충일(6월 6일)은

　나라를 위하여 목숨을 바친 *애국선열과 국군 장병들의 *넋을 위로하고, *충절을 *추모하기 위하여 정한 기념일입니다.

제헌절(7월 17일)은

　1948년 7월 17일 대한민국 정부의 헌법을 *공포한 날을 기념하기 위해 지정한 날입니다.

광복절(8월 15일)은

　1945년 8월 15일 일본의 식민지배에서 벗어나 1948년 8월 15일 대한민국 정부가 수립된 날을 기념하기 위해 지정된 날입니다.

개천절(10월 3일)은

　단군이 최초의 민족국가인 단군조선을 건국한 날을 기념하기 위해 지정한 날입니다.

한글날(10월 9일)은

　세종대왕이 훈민정음을 *반포한 날을 기념하기 위한 날입니다.

 낱말공부

*정오 : 낮 12시
*애국선열 : 나라를 위해 싸우다 죽은 사람
*넋 : 정신이나 마음
*충절 : 충성스러운 절개

*추모 : 죽은 사람을 그리며 생각함
*공포 : 공식적으로 널리 알림
*반포 : 세상에 널리 퍼뜨려 모두 알게 함

두 번째이야기

우리 선조들의 생각 (전통 문화)

1. 우리나라의 명절 (3대 명절)
2. 세시풍속 및 잔치
3. 우리 선조들의 생각
4. 한국의 민요
5. 한국의 멋

01 우리나라의 명절
(3대 명절 – 설, 단오, 추석)

  우리 선조들은 오랜 *관습에 따라 '좋은 날'을 정하고 지켰으며 이날을 *명절이라고 합니다.

  조선 시대에 쓰여진 '*농가월령가'에 따르면 우리 조상들은 계절에 따라 '좋은 날'을 택하여 하늘에 제사를 지내거나 *풍년을 기원하는 등 여러 가지 행사를 하였습니다.
  명절날에 가족들이 함께 모여 조상에게 차례를 지내고 *성묘도 하며 즐겁게 보내는 풍습은 오늘날까지 전해지고 있습니다.

1) 설

  우리 선조들은 *음력을 사용하였습니다.
  우리가 지금 쓰고 있는 달력은 양력으로 태양의 움직임에 따라 변하는 것을 기준으로 하는 반면, 음력은 달의 움직임을 기준으로 하고 있지요.

낱말공부

*관습 : 오래된 습관
*명절 : 관습에 따른 좋은 날 (설, 추석 등)
*농가월령가 : 음력 1월부터 12월까지 기후 변화와 농작물의 성숙을 읊은 노래 형식
*풍년 : 농사가 아주 잘 됨
*성묘 : 조상의 산소를 찾아 절하는 풍습
*음력 : 달의 움직임을 기준으로 날짜를 계산한 달력

　새해의 첫날(음력 1월 1일)을 설날이라고 합니다.
　설날은 새해가 시작되는 첫날이므로 몸과 마음을 깨끗이 한 다음, 아침에 *떡국을 끓이고 상을 차려 조상에게 *차례를 지냈습니다.

　차례가 끝나면 먼저 어른들에게 세배를 올립니다.
　아이들은 "새해 *복 많이 받으세요." 하며 *세배를 드렸고, 어른들은
"그래, 새해에도 건강하고 공부도 열심히 해라."
하고 *세뱃돈을 주시며 *덕담을 해 주셨습니다.
　덕담은 '건강하게 지내고 잘 되라'는 기원의 말씀들입니다.
　대개는 아랫사람의 형편에 맞는 말씀을 해주십니다.
　공부하는 아이들에게는 공부 잘하고 건강하기를
빌어 주시고, 어린아이들에게는 건강하고
어른 말씀을 잘 듣기를
청하셨어요.

14 낱말공부

*떡국 : 가래떡을 얄팍하게 썰어 끓인 국
*차례 : 명절에 지내는 제사
*복 : 행복, 좋은 운수
*세배 : 설날에 어른께 올리는 절
*세뱃돈 : 설날 세배하는 아이에게 어른이 주는 돈

*덕담 : 잘되기를 비는 마음으로 하는 좋은 말
*전통놀이 : 각 지방의 풍속과 생활 모습이 반영된 민간에 전하여 오는 여러 가지 놀이.
*말판 : 고누, 윷 따위에서 말이 가는 길을 그린 판
*결승점 : 승부가 결정되는 지점

설날에 어른들이 들려주신 말씀을 따라 일 년을 보내게 되니, 얼마나 좋은 일이에요.

　세배가 끝나면 차례 음식으로 차려진 아침을 온 집안사람들이 모여 같이 먹습니다.

　아침을 먹은 후에는 놀이를 하며 즐겁게 지냅니다.

　설날에 많이 하는 ***전통놀이**로는 '윷놀이'가 있습니다.

　윷놀이는 윷을 던져서 나오는 도, 개, 걸, 윷, 모에 따라 ***말판**의 말을 움직여서, 가지고 있는 말들을 모두 ***결승점**으로 옮기면 이기는 놀이입니다.

　도는 윷가락이 한 개만 뒤집어진 것으로 한 칸을 움직일 수 있고, 개는 두 개가 뒤집어진 것으로 두 칸, 걸은 윷가락이 세 개가 뒤집어진 것으로 세 칸, 윷은 네 개가 모두 뒤집어진 것으로 네 칸을 움직일 수 있으며, 모는 네 개 모두 엎어져 있는 것으로 다섯 칸을 움직일 수 있습니다.

윷이나 모가 나오면 한 번 더 던질 수 있습니다. 윷판에 움직이는 상대 팀 말을 잡을 수도 있고, 우리 팀 말을 업을 수도 있는 참으로 재미있는 놀이입니다.

우리 조상들은 윷놀이를 통해 한마음이 되고, 즐거움을 나눌 수 있었습니다.

설날에는 윷놀이 외에 연날리기도 했습니다.

연날리기는 주로 남자들이 하는 놀이고, 여자들은 널뛰기를 했습니다.

이뿐만 아니라 팽이치기와 제기차기 등 여러 가지 놀이를 했습니다.

설날은 맛있는 음식도 많이 먹고, 주머니도 두둑해지는 기분 좋은 날이므로 설날을 손꼽아 기다리게 되지요.

2) *단오(음력 5월 5일)

단옷날은 *창포 삶은 물로 머리를 감습니다.

그리고 수리취나 쑥을 넣어 만든 수레바퀴 모양의 '*수리치 떡'을 만들어 하늘에 제사를 지내기도 했습니다.

여자들은 그네를 타고, 남자들은 씨름을 즐겼습니다.

씨름에서 우승한 사람에게는 상으로 황소를 주기도 했습니다.

지금도 해마다 단옷날이면 강릉에서는 단오제를 지내기도 하고 각 지역마다 봉산탈춤, 송파산대놀이, 양주별산대놀이 같은 탈춤과 가면극이 공연되고 있습니다.

낱말공부

*단오 : 음력 5월 5일. 남자는 씨름하고, 여자는 창포 삶은 물에 머리를 감는 풍습이 있음
*창포 : 습지에서 자라는 한해살이 풀 이름
*수리치 떡 : 쌀가루를 버무려 수레바퀴 모양으로 만든 떡
*추석 : 음력 8월 15일, 다른 말로 '한가위'라고도 함
*햇곡식 : 올해 추수한 곡식
*토란국 : 토란이라는 식물의 뿌리를 주 재료로 끓인 국
*성묘 : 조상의 산소를 찾아 절하는 풍습
*한가위 : 추석의 다른 말

3) 추석(음력 8월 15일)

*추석은 음력 8월 15일로 '중추절'이라고도 하는데, '중추'는 8월을 뜻하는 말입니다.

설, 단오와 더불어 3대 명절의 하나로, 집집마다 *햇곡식으로 송편을 빚고, *토란국을 끓여 햇과일과 함께 조상에게 차례를 지내고, *성묘했습니다.

추석을 '*한가위'라고도 하는데 '한'은 '크다'라는 뜻이고, '가위'는 '가운데'라는 뜻으로 '8월 한가운데에 있는 큰 날'이라는 뜻이 있습니다.

추석이 오기 전에 먼저 조상님들의 무덤인 산소를 돌보는 일을 했습니다.

여름에 산소에 자란 풀들을 베어내고, 예쁘게 손질하는 일이랍니다.

이것을 '벌초'라고 하는데 온 집안 친척들이 모두 나서서 합니다.

추석날 아침에도 설날과 같이 조상에게 차례를 올렸습니다.

추석 때 차례상에 올리는 떡이 바로 '송편'입니다.

송편을 빚는 일 또한 온 집안사람들이 모여서 같이 합니다. 송편을 예쁘게 빚느라고 모두 열심히 합니다.

만든 사람의 손재주가 드러나기에 누가 빚었는지 단번에 알 수 있습니다. 다 빚은 떡은 *솔잎을 깔고 *시루에 넣어서 쪄낸 다음 솔잎을 떼어내고 참기름을 발라 맛을 더했습니다. 바로 먹지 않는 송편은 솔잎째 놓아두었습니다.

솔잎은 향도 나지만 떡을 쉽게 상하지 않게 하는 *방부제 역할을 했지요. 아직은 더운 추석 때 솔잎을 넣어 자연 방부제로 썼었다니 우리 조상님들의 지혜가 돋보입니다.

추석에는 음식과 과일이 풍성해서 '더도 말고 덜도 말고 팔월 한가위만 같아라.'라는 말도 생겼습니다.

여자들은 달밤에 '*강강술래' 놀이를 하였습니다.

강강술래는 밝은 달 아래서 빠른 가락으로 서로 손을 잡고 노래를 부르면서 빙글빙글 도는 놀이랍니다.

남자들은 소먹이놀이, 소싸움, 닭싸움 놀이를 하였습니다. 이런 놀이는 풍년을 축하하는 의미가 담겨진 놀이랍니다.

우리나라는 오랫동안 농사를 지으며 사는 농경사회였기 때문에 생겨난 *민속놀이지요. 바로 조상들의 삶이었습니다.

낱말공부

***솔잎** : 소나무 잎
***시루** : 떡이나 쌀 따위를 찌는 데 쓰는 둥근 질그릇
***방부제** : 미생물의 활동을 막아 물건이 썩지 않게 하는 약
***강강술래** : 여자들이 한복을 입고 둘러 모여 추는 춤
***민속놀이** : 민간에 전하여 내려오는 놀이. 각 지방의 생활과 풍속이 잘 나타나 있다

02 세시풍속 및 잔치

우리나라는 농사를 지으며 사는 나라였어요.
그래서 1월부터 12월까지 매달 특별한 날을 정하고 지켰습니다.
노동은 힘든 일이므로 쉬는 날이 필요했습니다. 그래서 세시 명절을 만들어 그날만이라도 일손을 놓고 쉬었습니다.
세시 명절에는 놀기만 한 것이 아니고, 농사가 잘되게 해 달라고 기원하는 의미도 있고, 또 '농사가 잘되게 해주어서 감사하다'는 의미도 있었습니다.

1) 정월 대보름 (연날리기) - 음력 1월 15일

정월 대보름날(음력 1월 15일)은 일년 중 달이 가장 둥글고, 크게 보이는 날이랍니다.
그날은 다섯 가지 곡식 쌀, 조, 수수, 팥, 콩 등을 섞어 지은 *오곡밥을 이웃과 나누어 먹고, 밝은 달을 보며 1년 동안 가족의 건강을 빌었습니다.
또 병에 걸리지 않게 해달라는 *소망이 담긴, 땅콩이나 잣, 호두 등의 *부럼을 깨기도 했고, 모여서 *연날리기도 하며 즐거운 시간을 보냈습니다.

낱말공부

*오곡밥 : 쌀, 팥, 콩, 조, 수수 등 다섯 가지 곡식으로 지은 밥
*소망 : 바라는 일
*부럼 : 한 해의 건강을 비는 의미에서 보름날 깨는 잣, 땅콩, 호도 등

이 밖에도 우리 악기인 징, 장구, 북, 소고, 꽹과리 등으로 신명 나게 연주하는 풍물놀이도 있고, 지신밟기나 줄다리기, 연날리기, 놋다리밟기 등 마을 공동의 놀이를 통해 협동정신을 다지는 행사도 했습니다.

2) 동지 (12월 22일)

동지는 일 년 중에서 밤이 가장 길고 낮이 가장 짧은 날입니다. 그래서 예부터 태양이 부활하는 날이라 하여 '작은 설'로 대접하여 축하하였고,
 '동지를 지나야 한 살 더 먹는다.'
라는 말을 하기도 합니다.

십이월의 *동짓날은 집집마다 팥죽을 끓여 대문이나 집주위에 뿌리기도 하였습니다. 이것을 '*액막이'라 하는데 팥의 붉은 기운이 나쁜 기운을 막아 준다고 여겼습니다.

팥죽

팥죽 속에 찹쌀가루로 단자를 만들어 넣어 끓이는데, 새알 같은 크기로 만들어서 *새알심이라 하였습니다.

일부 지방에서는 새알심을 나이 수대로 먹었다고 합니다. 그래서 '동지 팥죽을 먹어야 진짜 나이를 한 살 더 먹는다.'는 말이 전해오고 있습니다.

3) 돌잔치

아기가 태어난 지 1년이 되는 날에는 태어난 아기가 건강하게 잘 자라기를 비는 마음으로 맛있는 음식을 준비하고 친척들을 초대하여 돌잔치를 하였습니다.

낱말공부

*동짓날 : 양력 12월 22일 경(일년 중 밤이 가장 긴 날)
*액막이 : 나쁜 기운을 막아 줌
*새알심 : 팥죽에 넣은 쌀로 만든 구슬모양의 떡
*돌잔치 : 태어난 지 1년 되는 날 (첫 번째 생일) 하는 잔치
*의식 : 일정한 방식에 따라 치르는 행사

*혼인 : 남녀가 부부 관계를 맺는 의식
*품삯 : 일을 하고 받는 돈
*통과의례 : 출생, 성년, 결혼, 사망과 같이 사람이 일생 동안 새로운 상태로 들어갈 때 겪어야 할 의식

돌날에는 백설기·수수팥떡·경단·대추·과일·쌀·국수·책·붓·먹·벼루·무명실·활(여아는 자) 등으로 상을 차리고 돌쟁이 어린애를 상 앞에 앉히는데, 이때 아이가 맨 먼저 집는 물건의 뜻을 좋게 해석해서 축복하는 풍습이 있습니다. 아이가 붓이나 책을 잡으면 공부를 잘할 것이라고 축하해 주었습니다.

4) 관례(성인식)

관례는 남자나 여자가 어린이에서 어른으로 성장하였으며 '지금부터는 맡은바 모든 일에 책임을 다해야 한다.'는 의미가 있는 *의식을 통해 아이와 어른을 구분하는 기준으로 삼기도 하였습니다.

지역마다 차이는 있었으나 남자는 정월 대보름 무렵에 마을 어귀에 있는 무거운 돌을 들어 올림으로써 어른으로 인정받아 댕기를 풀고 머리를 올려 상투를 틀 수 있었으며, 여자는 머리를 말아 쪽을 지어서 비녀를 꽂았습니다.

관례는 보통 15~20세 사이에 치르며, 관례를 치른 사람은 비록 혼인하지 않았다 하더라도 어른의 대접을 받았으며, 노동력도 인정하여 어른 *품삯을 받았고, *혼례를 치를 수 있는 자격도 얻는 셈입니다.

5) 혼례(결혼식)

혼례란 사람이 태어나서 반드시 겪게 되는 4가지 의식 중에서 장성한 남녀가 부부의 인연을 맺는 일생일대의 중요한 *통과의례입니다.

우리 선조들은 '남녀 7세 부동석'이라 하여 어린아이 때부터 남녀의 구별을 매우 엄격하게 하였습니다.

오늘날과 같은 이성 교제가 허락되지 않았으니 결혼도 부모님께서 정해 주는 대로 전혀 얼굴도 알지 못하는 상대와 하게 되었습니다.

혼인은 대부분 친척이나 주위 사람의 소개로 중매결혼을 하였으며, 남자와 여자의 생년, 월, 일, 시간을 적은 '사주단자'로 *궁합을 맞추고, 혼인 날짜가 정해지면 신랑 집에서 신부 집으로 신부의 옷감인 채단과 예물, 혼인과 관련한 *혼서지를 담은 '함'을 보내 약혼을 증명하였습니다.

옛날에는 '함진아비'라 하여 보통 첫 아들을 낳은 복 많은 사람이 등에 지고 전달했으나, 오늘날에는 가까운 친구나 친척이 전달해 주기도 합니다.

혼례식을 마친 신부는 시부모나 그 밖의 시댁 어른들에게 처음으로 인사를 올리기 위하여 '폐백'이라는 특별한 음식을 준비하는데 지방에 따라 약간씩 차이가 있습니다.

이 때 폐백에 쓰이는 용떡은 출세를 기원하는 의미가 있으며, 쌀은 부자

되기를, 밤은 복을, 닭은 자손이 잘 되기를, 소나무와 대나무는 절개를, 청실홍실은 부부가 사이좋게 잘 살기를 바라는 마음이 담겨 있으며, 대추나 밤과 은행은 자손만대의 행복과 자손들의 *번영을 기원하는 뜻이 담겨있습니다.

시대가 바뀌어도 오늘날까지도 그 내용과 형식이 유지되고 있습니다.

6) 상례

상례란 사람의 사망에서부터 화장이나 매장 등으로 장례를 마무리하기까지의 과정을 말합니다.

오늘날은 대부분 장례식장에서 장례를 치르지만, 옛날에는 집안에서 장례를 치렀습니다.

장례는 개인의 사정에 따라 3일이나, 5일장으로 치렀으며 유교사상의 영향으로 '효'를 중시했던 우리 선조들은 부모님께서 돌아가신 뒤에도 3년 동안 아무 일도 하지 않고, 부모님의 묘소 주위에 작은 집을 짓고 무덤을 돌보는 '시묘살이'를 했습니다.

'예'의 형식은 바뀌었으나 '효'를 중시했던 선조들의 근본정신을 본받아 생활 속에서 실천하도록 해야 하겠습니다.

오늘날의 우리는 이웃을 너무 모르고 지내고 있습니다.

지금부터라도 조상들의 관습을 이어받아, 주변 이웃들에게 관심을 갖고, 서로 인사 하면서 지내도록 해야 하겠습니다.

 낱말공부

*궁합 : 혼인할 남녀의 사주를 오행에 맞추어 보아 부부로서의 좋고 나쁨을 알아보는 점
*혼서지 : 혼인할 때 신랑집에서 신부집에 보내는 편지를 쓰는 종이
*번영 : 번성하고 영화로움

7) 제례

 제례는 해마다 조상이 돌아가신 날에 자손들이 정성을 다해 음식을 준비하여 돌아가신 분을 기리는 의식입니다.

 전통제례는 형식이 매우 복잡하였으나 현대는 간소화된 방법으로 제사를 지내기도 합니다.

 자손들이 모여 정성을 다해 음식을 준비하여 제사상을 차리고 격식을 갖춰 예를 표한 다음 '음복'이라고 해서 고인의 생전의 모습이나 말씀을 기리며 제사에 쓰인 음식을 같이 나누어 먹으며 의식을 끝냅니다.

 제례의 형식이나 절차는 옛날과 비교하면 간소화되었지만 돌아가신 조상을 받들고 섬기는 정신은 변함이 없습니다.

 뿌리 없는 나무 없듯이 오늘의 나는 과거의 조상으로부터 이어져서 태어났으며 미래의 우리 자손들로 계승될 것입니다.

03 우리 선조들의 생각
(한국인의 정신문화)

사람이 다른 것에 대해 얼마만큼의 가치나 뜻이 있는지에 대해 판단하는 것을 '가치관'이라고 합니다. 즉, 옳은 것, 바람직한 것, 해야 할 것 또는 하지 말아야 할 것 등에 관한 일반적인 생각을 말합니다.

예를 들자면, 부모님 말씀 잘 듣고 효도하는 일, 동생을 잘 돌 보는 일, 전철에서 어른에게 자리를 양보하는 일, 그리고 자라서 '어떤 사람이 되겠다는 것' 등이 자신의 가치관에 따라 결정되고 행동도 달라지는 것입니다.

이렇게 가치관은 사람의 생각과 행동에 영향을 미치게 되고, 살아가는데 질서와 방향을 제시해 주는 역할을 합니다.

여러분도 바른 뜻을 세워, 여러분 자신은 물론 이웃과 나라에 꼭 필요한 훌륭한 사람이 될 수 있도록 하고, 인류의 평화에도 이바지 할 수 있도록 해야 합니다.

우리 선조들이 어떻게 생활하였으며 어떤 생각을 하며 살았는지, 선조들의 삶을 통해 선조들의 정신과 지혜를 배워 볼까요?

1) 충 (*사군이충)

우리 조상들은 나라에 대하여 마음속 깊이에서 우러나는 정성을 다하였고 (충성), 부모님께는 효도하며, 옳지 않은 일에는 끝까지 싸워 모든 일을 바르게 하고자 노력했습니다.

예 1   신라 *박제상의 애국정신 일화

신라시대 박제상이라는 높은 관리가 있었습니다.

그는 일본에 붙잡혀간 왕자를 그리워하는 임금을 위해, 위험을 무릅쓰고 일본에 가서 왕자를 탈출시키고, 자신은 왜왕에게 붙잡혔습니다.

*왜왕이 박제상에게 물었습니다.

"너의 임금님을 섬기는 뜻이 대단히 훌륭하구나. 일본에 머무르며 나에게 충성한다면, *부귀영화를 누리며 살게 해주겠다. 나의 신하가 될 생각이 없느냐?"

그러나 박제상은 눈빛 하나 변하지 않고, 목청껏 대답하였습니다.

"내가 차라리 *계림(신라)의 개, 돼지가 될지언정 너 따위의 신하가 되어 부귀영화를 누리진 않겠다."

왜왕은 이 말을 듣고 화를 내기는커녕, 신하로 삼기 위해 끈질기게 달랬으나 박제상은 뜻을 굽히지 않았습니다.

그리고 죽을 때까지도 자신의 나라 계림(신라)을 생각하며, 생을 다하였다고 전해지고 있습니다.

☑ 나라에 충성하고 부모님께 효도하는 사람이 되도록 노력해야 하겠습니다.

 **낱말공부**

*사군이충 : 세속 오계의 하나. 충성으로써 임금을 섬긴다는 말이다
*박제상 : 신라 눌지왕 때의 충신
*왜왕 : 예전에, 일본의 왕을 낮잡는 뜻으로 쓰이던 말
*부귀영화 : 재산이 많고 지위가 높으며 귀하게 되어서 세상에 드러나 온갖 영광을 누림
*계림 : '신라'의 다른 이름

예 2 고려의 충신 *정몽주

정몽주는 기울어져 가는 고려를 *부흥시키기 위해 노력하였습니다.

그러나 고려의 신하였던 이성계가 고려를 쓰러뜨리고 새로 '조선'을 *건국했습니다.

그러면서 새 나라 조선을 위해 일해보자고 정몽주를 설득하였으나, '충신은 두 임금님을 모시지 않는다.'며 뜻을 굽히지 않았고, 결국 이성계의 아들인 이방원에 의해 선죽교에서 죽임을 당했습니다.

정몽주가 지은 '*단심가'라는 시에서 충신 정몽주의 마음을 읽을 수 있습니다.

이 몸이 죽고 죽어 일백 번 고쳐 죽어
백골이 *진토 되어 *넋이라도 있고 없고
님 향한 일편단심이야 가실 줄이 이시랴

선죽교

'고려 임금에 대한 자신의 충성심은 어떤 위협에도 변할 수 없다.'는 충신의 굳은 *절개를 엿볼 수 있습니다.

낱말공부

*부흥 : 쇠퇴하였던 것이 다시 일어남
*건국 : 나라를 세움
*단심가 : 고려 말기에 정몽주가 지은 시조. 고려에 대한 충절을 읊은 것으로, 이방원의 〈하여가〉에 답하여 지었다
*진토 : 티끌과 흙을 통틀어 이르는 말.
*넋 : 영혼, 정신
*절개 : 신념, 신의 따위를 굽히지 아니하고 굳게 지키는 꿋꿋한 태도

예3 *사육신 박팽년

'박팽년'은 한글을 만드신 세종 임금의 *신임을 한 몸에 받은 훌륭한 학자이자, 바른 신하의 모습을 몸소 실천한 조선 시대 최고의 *충신이었습니다.

항상 "바른길을 향해 뜻을 세워야 한다."고 말한 박팽년은 세종 임금의 손자인 *단종이 너무 어려서, 삼촌인 세조가 단종을 임금 자리에서 내 쫓고 왕위에 오르자, '옳지 않은 일'임을 지적하며 끝까지 저항하다 끔찍한 죽음을 맞이하게 됩니다.

결국, 굴복하지 않는 사육신의 충절을 본 세조 또한 이들을 가리켜 "지금은 나라를 어지럽히는 신하라고 불리지만, *후세에는 충신이라 불릴 것이다."하고 *칭송을 하였습니다.

옳지 않은 일에는 끝까지 저항하며, 단종 임금에게 충성을 바치기 위해 죽음도 두려워하지 않은 박팽년을 후세 사람들이 '죽어서도 임금에게 충성을 다한 신하'라고 칭송하며 '*사육신'이라고 불렀습니다.

사육신 묘

국가에 이로운 일이라면 자기 한 몸을 돌보지 않는 것을 '충'이라고 합니다.

낱말공부

- *신임 : 믿고 일을 맡김
- *충신 : 나라와 임금을 위하여 충성을 다하는 신하
- *단종 : 조선 제6대 왕. 12세에 왕위에 올랐으나, 숙부인 수양 대군에게 왕위를 빼앗겨 강원도 영월에 유배되었다가 죽임을 당하였다
- *후세 : 다음 세대의 사람들
- *칭송 : 칭찬하여 일컬음
- *사육신 : 조선 세조 2년(1456)에 단종의 복위를 꾀하다가 처형된 여섯 명의 충신 이개, 하위지, 유성원, 성삼문, 유응부, 박팽년을 이른다.

예 4 임진왜란 때 세 장군의 충

*임진왜란이란 임진년에 왜군(일본)이 우리나라를 침략해 7년 동안 싸운 전쟁입니다.

이때 왜군과 싸워 크게 이긴 세 곳의 전투를 *3대첩이라고 합니다.

첫째는 '한산도 대첩'입니다.
이순신 장군이 이끄는 조선의 연합함대는 '*거북선'을 앞세워, 한산도 앞바다에서 왜선을 전멸시켜(60척 침몰) 왜의 *수군에게 큰 타격을 입혔습니다.

둘째는 *곽재우가 *민병대를 이끌고 진주에 침략한 왜군을 무찌른, '*진주대첩'입니다.

셋째는 '*행주대첩'입니다.
권율 장군은 서울까지 쳐들어온 왜군을 행주산성에서 백성들과 힘을 합쳐 크게 무찔러 승리로 이끌었습니다. 당시 여자들이 긴 치마를 잘라 짧게 만들어 입고 돌을 날라다 주어 적군에게 큰 피해를 줬다고 합니다. 그때부터 앞치마를 행주치마라고 불렀다는 얘기가 전해지고 있습니다.

낱말공부

*임진왜란 : 조선 선조 25년(1592년)부터 31년(1598년)까지 두 차례에 걸쳐 우리나라를 침입한 일본과의 싸움
*3대첩 : 조선 임진왜란 때 왜적을 무찌른 3대 싸움 즉, 한산도 대첩, 진주대첩, 행주대첩을 말한다.
*거북선 : 임진왜란 때 이순신이 만들어 왜적을 쳐부순 거북 모양의 배
*수군 : 조선 시대에, 바다에서 국방과 치안을 맡아보던 군대
*곽재우 : 조선 중기 임진왜란 때의 의병장이다
*민병대 : 민병으로 조직한 부대
*진주대첩 : 임진왜란 때 진주에서 왜군과 싸운 2차례의 큰 전투
*행주대첩 : 임진왜란 때 권율이 행주산성에서 왜군을 크게 쳐부순 싸움

　이 모두는 나라를 위해, 목숨을 아끼지 않는 백성들이 있었기에 가능했습니다.

　우리 조상들은 나라와 임금에게 충성하고, 부모님께 효도하는 일이 인간으로서 가장 기본적인 행동이라고 강조하였습니다.

　☑ 나라가 위기에 빠졌을 때는 모두가 힘을 모아 위기를 극복하도록 힘써야 합니다.

2) 효

　우리 선조들은 낳아 주시고 길러 주신 부모님께, 항상 감사하는 마음을 갖는 것이 효의 시작이라 여겼습니다.
　그래서 부모님의 말씀을 잘 듣고 부모님 마음을 편안하게 해 드리는 모든 일을 '효'라고 합니다.
　'어버이날'에 부르는 노래 '어버이 은혜'에
　'낳으실 제 괴로움 다 잊으시고 기르실 제 밤낮으로 애쓰는 마음 ~~'
　이라는 노래에도 잘 나타나 있습니다.
　나를 낳으시고 길러 주시는 부모님의 마음을 불편하지 않게 보살펴 드리는 일은 자식으로서 마땅히 해야 할 도리이며 이것이 바로 효의 지름길입니다.

　옛날에 공자님은
　"효로써 어버이를 섬김은 살아 계실 때는 공경을 다하고, 모실 때는 즐거움을 다하며, 병드셨을 때에는 *근심을 다해야 한다. 그리고 돌아가실 때는 슬픔을 다하여야 하고, 제사 지낼 때에는 *엄숙함을 다해야 한다."
　라고 말씀하셨습니다.

　그런데 요즘 사람들은 부모님을 공경하는 일이, 옛날과 비교하면 많이 약해진 것 같아 안타깝습니다.

 **낱말공부**

*****근심** : 해결되지 않은 일 때문에 속을 태우거나 우울해함
*****엄숙함** : 분위기나 의식 따위가 장엄하고 정숙하다.

3) *생활예절

사람은 혼자 살아가는 것이 아니고, 항상 이웃사람들의 보살핌과 관심 속에서 함께 어울려 살아갑니다.

우리 조상들은 사람 사이의 부드러운 관계 유지를 위해, 옛날부터 예절을 중시 하였습니다.

먼저 인사하고, 부드러운 미소로 맞이하며, 상냥한 말 한마디와 겸손한 태도는 사람들이 어울려 살아가는 사회생활 속에서 꼭 갖춰야 할 기본 도리랍니다.

① 인사예절

인사는 사람 사이에서 안부를 묻거나 공경의 뜻을 나타내기 위해, 예를 표하는 일이랍니다.

그래서 말 한마디에도 정성을 담아야 하고, 행동은 정중해야 합니다.

인사는 평범하고도 대단히 쉬운 일 같지만 *습관화되지 않으면 실천에 옮기기 어렵습니다. 자연스럽고 편안한 인사는 친근감을 갖게 합니다.

'안녕하세요?', '반갑습니다.', '감사합니다.' 와 같은 말이 자연스럽게 입에서 나올 수 있도록 습관화하여야 합니다.

낱말공부

***생활예절** : 사람이 살아가면서 지켜야 할 예절
***습관화** : 습관으로 되거나 습관이 되게 함
***인간관계** : 인간과 인간, 또는 인간과 집단과의 관계를 통틀어 이르는 말

누구나 '안녕하세요?', '감사합니다.' 와 같은 말을 듣게 되면 기분이 저절로 좋아져 입가에 미소가 번지고, 상대방도 인사말과 함께 인사를 하게 됩니다.

이처럼 인사말 한 마디가 *인간관계를 원만히 유지하고, 활기찬 분위기를 이끌어 낼 수 있게 됩니다.

친구를 만났을 때는 "안녕?"
나에게 잘 대해 주는 분들께는 "감사합니다." 등의 인사말은 인간관계를 부드럽게 해 줍니다.
오늘부터 인사를 생활화해 보세요.

② 식사예절

나라와 민족마다 고유한 식사 예절이 있는 것처럼, 우리나라에도 고유한 식사예절이 있습니다.

부모님이나 어른들과 식사를 할 때는 어른들이 먼저 *수저를 든 다음에 아랫사람도 수저를 들고 먹기 시작합니다.

서양 사람들은 식사 중에 많은 대화를 하지만, 우리나라 사람들은 식사 중에 큰 소리로 말하거나, 음식을 입에 넣고 말하는 것은 실례라고 생각합니다.

또한, 음식을 먹으면서 소리를 내거나, 수저, 그릇이 부딪치는 소리를 내는 것은 다른 사람에게 *불쾌감을 줄 수 있으므로 주의해야 합니다.

 낱말공부

*공중도덕 : 여러 사람을 위하여, 여러 사람이 함께 지켜야 할 도덕
*수저 : 숟가락과 젓가락을 아울러 이르는 말
*불쾌감 : 못마땅하여 기분이 좋지 않은 느낌
*배려 : 도와주거나 보살펴 주려고 마음을 씀

식사할 때는 옷차림을 단정히 하고, 식사 중에 다리를 흔들거나 딴짓을 하지 않고, 자연스러운 자세로 즐겁게 식사를 해야 합니다.

그리고 음식을 먹을 때는 음식을 준비한 사람의 정성과 노력에 감사하는 마음으로 식사해야 합니다.

쌀 한 톨, 반찬 한 가지에도 모두 가꾼 사람의 땀과 노력이 담겨 있으므로, 소중히 생각하고 남기지 않도록 해야 합니다.

식사를 마칠 때에는 숟가락과 젓가락을 가지런히 놓아두어야 하고,
"잘 먹었습니다.", "감사합니다."
하고 인사를 하는 것이 올바른 식사예절입니다.

③ 이웃과의 생활

집의 현관문을 나서는 순간부터 지켜야 할 일이 많이 있습니다.

이웃을 만나면 먼저 인사를 해야 하고, 또 이웃이 불편해하는 일은 하지 않도록 해야 합니다.

이렇게 이웃에게 피해를 주지 않도록 하는 것이 ***공중도덕**이며, 이웃을 ***배려**하는 마음입니다.

쓰레기 함부로 버리지 않기, 큰 소리로 떠들지 않기, 조용히 걷기 등 이웃에게 방해가 안 되게 하는 일은 너무나도 쉬운 일들입니다.

공중도덕을 지키는 일, 나보다 약한 사람을 배려하고 양보하는 일은 사회를 아름답게, 인류를 아름답게 하는 일이기도 합니다.

4) 윤리와 도덕

도덕은 사람들 사이에 마땅히 지켜야 할 도리와 행위에 대한 약속으로 행동의 바탕이 됩니다.

그래서 사람이 살아가는 데 필요한 기본 생활 습관과 예절을 익혀, 당연히 해야 할 역할과 책임을 다할 수 있도록 도와주기 위한 것이 윤리와 도덕이랍니다.

사람은 혼자 있으면 편하고 자유로워지고 싶어 합니다.

그러나 우리 선조들은 혼자 있을 때도 흐트러짐이 없이 몸가짐을 단정히 하였습니다. 이것을 '신독'이라고 합니다.

'*오얏나무 밑에서는 *갓끈을 고쳐 매지 말고, 오이밭에서는 신발끈을 고쳐 매지 마라.'는 *속담이 있습니다.

또 '밤 말은 쥐가 듣고, 낮 말은 새가 듣는다.' 라는 속담도 있습니다.

우리 선조들은 이렇게 말 한마디, 행동 하나에도 자신을 살피며 모든 일을 *신중하게 했습니다.

모든 일을 자유롭게 자기 마음대로 하면 좋을 것 같지만 그렇지 않습니다. 그렇게 한다면 나는 물론 모두를 괴롭고 힘들게 할 것입니다.

그렇다면 어떻게 해야 할까요?

우리 조상님들이 하신 것처럼 몸가짐을 바르게 하고, 말을 조심하고, 질서 있게 행동해야 합니다.

5) 우애

우리 한국인들이 중요시하는 *덕목 가운데 하나가 형제간의 *우애입니다.
형님은 아우를 사랑으로 보살피고 잘못을 일깨워 주며, 아우는 형님을 공경하고 잘 따르는 것이 형제간의 우애라 할 수 있습니다.

'*공암진 투금탄' 이라는 옛날 얘기를 한번 볼까요?
약 7백 년 전 고려 시대 충렬왕 때 이조년, 이억년이라는 의좋은 형제가 있었습니다.
어느 날 두 형제가 길을 가다가 우연히 황금 덩어리 두 개를 주워 하나씩 나누어 가졌습니다. 형제가 나루터에서 배를 타고 강을 건너는 중이었습니다.

14 낱말공부

*오얏나무 : 자두나무
*갓 : 예전에, 어른이 된 남자가 머리에 쓰던 의관의 하나
*속담 : 예로부터 민간에 전하여 오는 쉬운 격언이나 잠언
*신중하다 : 매우 조심스럽다.
*덕목 : 충, 효, 인, 의 따위의 덕을 분류하는 명목

*우애 : 형제간 또는 친구 간의 사랑이나 정
*공암진 투금탄 : 공암진은 지금의 서울 양천의 옛 이름이고 투금탄은 금을 강물에 던졌다는 뜻으로 형제간의 우애를 일깨워주는 이야기

그런데 아우가 갑자기 자신이 가지고 있던 금덩어리를 강물에 훌쩍 던져 버리는 것이었습니다.

형이 깜짝 놀라 그 까닭을 물으니 "제가 평소에 형님을 존경하고 사랑했는데 금 덩어리를 나눠 가진 순간부터 형님이 아니었으면 나 혼자 다 가질 수 있었는데 하는 생각이 들면서 형님이 싫어졌습니다." 라고 하였습니다.

그러자 그 말을 들은 형님도 "네 말이 옳은 것 같구나!" 하며 금덩어리를 강물에 던져 버렸습니다.

형제간에 우애는 금보다 귀한 것입니다.

형제간에는 우애가 첫째이며, 부모님께 효도하는 길이기도 합니다.

6) 나눔의 정신(*상부상조)

사람들은 어려울 때 서로 돕고 살아야 합니다.

여러분이 배가 고프거나, 아프거나, 모르는 문제가 있을 때, 주위의 도움을 받는 것처럼 말이지요.

조선 시대에는 *향약이라는 것을 만들어 좋은 일은 서로 권하고, 잘못은 서로 바로 잡아주며, 나라가 어려움에 빠졌을 때는 나라를 구하기 위해 모두 힘을 모았고, 이웃이 어려움에 빠졌을 때도 내 일처럼 나서서 도우며 살았습니다.

낱말공부

*상부상조 : 서로서로 도움
*향약 : 조선 시대 향촌 사회의 상부상조와 질서 유지를 위해 마련한 자치 규약
*외화 : 외국의 돈. 외국의 통화로 표시된 수표나 유가 증권 따위도 포함한다
*유조선 : 유조 시설을 갖추고 석유를 운반하는 배.
*침몰 : 물속에 가라앉음
*제거 : 없애버림

우리나라가 경제 위기로 힘들었을 때, 국민들은 금 모으기 운동을 벌여 집에 두었던 금반지나 *외화들을 자진해서 들고 나왔습니다.

그런 힘으로 우리나라는 짧은 시간에 경제 위기를 극복해 낼 수 있었습니다.

또 서해안에 있는 태안에서 *유조선이 *침몰하여 기름이 흘러나와 바다를 덮은 적이 있었습니다. 이때도 국민들이 스스로 발 벗고 나서서, 기름을 *제거했습니다.

이것이 세계를 깜짝 놀라게 한 대한민국의 힘입니다.

이처럼 우리나라 국민들은, 어려움을 당한 이웃을 모른 체하지 않고 서로 도우며 살아왔습니다.

04 한국의 민요

*민요란 누가 처음에 지어서 전한 것이 아니라, 일반 민중들 사이에서 자연스럽게 생긴 후에 입에서 입으로 전해진 노래입니다.

민요의 내용은, 일상생활과 힘든 *노동을 평민들의 생각이나 느낌 그대로 표현한 노래로, *악보도 없으며 입에서 입으로 전해져 지역에 따라 다르고, 부를 때마다 다른 것이 민요입니다.

1) 대표적인 민요 아리랑

아리랑은 우리나라 사람들이 가장 즐겨 부르며, 우리 민족의 정서와 감정이 가장 잘 드러난 민요입니다.

오늘날 확인되는 아리랑은 경기 아리랑, 정선 아리랑, 진도 아리랑, 밀양 아리랑 등이 있습니다.

① 경기 아리랑

아리랑 아리랑 아라리요
아리랑 고개로 넘어간다.
나를 버리고 가시는 님은
십 리도 못가서 발병 난다.

② 밀양 아리랑

날 좀 보소, 날 좀 보소, 날 좀 보소
동지섣달 꽃 본 듯이 날 좀 보소
(후렴) 아리 아리랑 스리 스리랑 아라리가 났네.
　　　아리랑 고개로 날 넘겨주소.

③ 진도 아리랑

서산에 지는 해는 지고 싶어지느냐
날 두고 가신 임은 가고 싶어 가느냐.
(후렴) 아리 아리랑 쓰리 쓰리랑 아라리가 났네.
　　　아리랑 응응응 아라리가 났네.

④ 정선 아리랑

눈이 올라나 비가 올라나
억수 장마 질라나
만수산 검은 구름이 막 모여든다.
(후렴) 아리랑 아리랑 아라리요
　　　아리랑 고개로 날 넘겨주소
아우라지 뱃사공아 배 좀 건네주게
싸리골 올 동백이 다 떨어진다.

2) 도라지 타령

　아리랑과 함께 우리나라의 대표적인 민요로, 정식으로 배워 부르는 음악이 아니라 일터나 놀이터에서 저절로 익혀 부르는 노래입니다.
　노래의 곡조나 가사가 일정하지 않고, *형식이 늘어나기도 하고, 줄어들기도 하는 자유로운 음악입니다.

　도라지 도라지 도라지 심신 삼천에 도라지
　한두 뿌리만 캐어도 대바구니로 *반실만 되누나
　에헤요 에헤요 에헤헤요
　어이여라 난다 지화자 좋다
　저기 저 산 밑에 도라지가 한들한들

　배우기도 쉽고 부르면 저절로 흥이 나는 민요에서, 우리 선조들의 삶의 모습을 엿볼 수 있습니다.

낱말공부

*민요 : 예로부터 민중 사이에 불려 오던 전통적인 노래를 통틀어 이르는 말
*노동 : 몸을 움직여 일함
*악보 : 음악의 곡조를 일정한 기호를 써서 기록한 것
*형식 : 사물이 외부로 나타나 보이는 모양
*반실 : 절반가량
*창호지 : 주로 문을 바르는 데 쓰는 얇은 종이
*복 : 삶에서 누리는 좋고 만족할 만한 행운과 행복
*강녕 : 몸이 건강하고 마음이 편안함
*구절판 : 여덟 모가 나도록 만든 나무 그릇
*밀전병 : 밀가루 반죽을 동그랗고 얇게 부친 전
*오방색 : 다섯 방위를 상징하는 색. 동쪽은 청색, 서쪽은 흰색, 남쪽은 적색, 북쪽은 흑색, 가운데는 황색이다

05 한국의 멋

멋이라는 말은 순우리말입니다.
우리 선조들은 생활 속에서 멋을 알고, 즐기는 여유가 있었습니다.
우리 선조들의 삶 자체가 멋이었습니다.
지금부터 선조들의 멋에 대해 살펴볼까요?

1) 생활 속에 깃든 멋

우리 선조들은 집이나 옷, 음식 등 일상의 생활에서 멋을 즐겼습니다.

구절판

집을 지을 때는 지붕을 뒷산에 맞춰서 곡선을 두었고, 문살에도 여러가지 모양을 넣어 만들었습니다.

문에는 *창호지를 바르면서 손잡이 부분에다 봄부터 말린 꽃잎을 넣어, 자연과 아름다움을 함께했습니다.

살림살이에도 멋을 부렸습니다. 그릇에는 *복을 비는 '복' 자를 새겼으며, 수저에도 몸이 건강하고 마음이 편안하기를 비는 뜻으로 '*강녕'이라는 글자를 넣기도 하였습니다.

*구절판은 음식을 담는 그릇입니다. 여덟 칸에 음식을 담고 가운데는 *밀전병을 놓았습니다. 여기에 담는 음식도 *오방색을 갖춰 담았습니다.

오방색은 청, 백, 적, 흑, 황색을 말합니다. 또 동, 서, 남, 북, 중앙을 의미하기도 합니다. 우리 조상들의 멋은 자랑해도 끝이 없습니다.

☑ 생활 속에 담겨 있는 우리 선조들의 멋은 세계 어느 곳에서도 찾아보기 어려운 우리의 자랑거리입니다.

2) *수공예품에 담겨있는 멋

작은 천 쪼가리도 버리지 않고 잇대어 물건을 싸거나, 밥상을 덮을 때 사용하는 아름다운 조각보를 만들었습니다.

배개에도 색실로 예쁘게 자수를 놓았으며, 치마의 허리나 저고리 *고름에 달아 늘어뜨리는 *노리개에도 보석을 박아 매듭으로 예쁘게 꾸몄습니다.

비녀는 머리에 꽂는 장신구로, 금이나 은 등 여러 가지 보석으로 장식하고, 여기에 일곱 가지 색을 입히거나 무늬를 넣었습니다.
여자들의 향 주머니, 귀걸이도 참 아름답습니다.
이 밖에 일상적인 생활용품에도 멋을 냈습니다.

노리개

3) 농악

농악은 언제부터 시작되었는지 기록은 없으나, 모내기, 김매기 등의 힘든 농사일을할 때, 일의 *능률을 올리고 피로를 덜며 *협동심을 불러일으키려는 데서 비롯되었다고 합니다.

지금은 각종 명절이나, 마을축제와 같은 *의식에서도 빼놓을 수 없는 요소이며 지역마다 다양한 가락이 전해지고 있습니다.

풍물놀이라고도 하는 농악은 기본적으로 꽹과리, 징, 장구, 북의 사물과 소고, 나발, 태평소, 기대(깃발을 든 사람), 잡색(무용수)으로 구성됩니다.
그중 *사물놀이는 북, 장고, 꽹과리, 징 등 4가지 악기의 연주로 무대나 실외에서 연주할 수 있는 우리의 전통음악입니다.

낱말공부

*****수공예품** : 손으로 만든 생활용품
*****고름** : 저고리나 두루마기의 깃 끝과 그 맞은편에 하나씩 달아 양편 옷깃을 여밀 수 있도록 한 헝겊 끈
*****노리개** : 여자들이 몸치장으로 한복 저고리의 고름이나 치마허리 따위에 다는 물건
*****능률** : 일정한 시간에 할 수 있는 일의 비율
*****협동심** : 서로 마음과 힘을 하나로 합하려는 마음
*****의식** : 정하여진 방식에 따라 치르는 행사
*****사물놀이** : 네 사람이 각기 꽹과리, 징, 장구, 북을 가지고 어우러져 치는 놀이

세 번째이야기

우리 선조들의 생활모습

1. 의복문화

2. 선조들의 음식문화

3. 우리 선조들이 살던 전통한옥

01 의복(옷) 문화

 우리 조상들은 봄, 여름, 가을, 겨울 사계절의 변화가 뚜렷하고 계절에 따라 기온의 변화가 심한 우리나라의 기후에 맞추어 입는 옷이 달랐습니다. 또한 신분과 남자, 여자에 따라 입는 옷이 달랐습니다.

1) 흰옷을 즐겨 입은 우리 선조들(*백의민족)

 우리민족은 아주 오래 전 옛날, 이천 년 전부터 흰 옷을 즐겨 입었습니다. 그래서 '흰옷을 즐겨 입는 민족' 즉, 백의*민족이라고 부르게 되었습니다.
 조선 후기에는 나라에서 '서양식 옷으로 바꿔 입으라'는 변복령과 머리를 짧게 자르라는 *단발령을 내리자, 나라의 명령에 항의하여 *변란이 일어 날 정도로 우리 민족은 흰 옷을 즐겨 입었습니다.
 그 뒤에도 나라에서 여러 차례 흰옷 입는 것을 금하는 '백의금지령'이 내렸으나 뜻을 이루지 못했던 것으로 보아 흰옷을 입는 습관이 우리 조상들의 의생활을 지배하였다는 사실을 알 수 있습니다.
 더욱이 갓난아이에게도 흰옷을 입히고 죽을 때 또한 흰옷을 입히니, 한국

낱말공부

- ***백의민족** : 흰옷을 입은 민족이라는 뜻 – 한민족 –우리 민족
- ***민족** : 같은 지역에 살며 언어와 문화상의 공통성이 있는 집단
- ***단발령** : 상투를 자르고 머리를 짧게 깎으라는, 나라의 명령
- ***변란** : 사변이 일어나 세상이 어지러움

인은 태어날 때부터 죽을 때까지 흰옷으로 일생을 살았다고 할 수 있습니다.
 우리도 조상들의 깨끗하고 순수함을 본받아 하늘처럼 맑고 깨끗한 마음으로 살아가야 하겠지요?

2) 계절의 변화에 따른 옷 입기

 기온이 따뜻한 봄, 가을에는 *목화에서 나는 면으로 짠 가벼운 옷을 입었습니다.
 그리고 날씨가 무덥고, 땀을 많이 흘리는 여름에는 바람이 잘 통하고 땀의 흡수가 잘되는 시원한 *모시옷과 *삼베옷을 즐겨 입었습니다. 또한, 바람이 더 잘 통하도록 저고리 안에 등나무로 만든 등토시나 등등거리를 입었습니다.
 상민 남자들은 일하기에 편하도록, 지금의 반바지와 같은 잠방이를 입었습니다.

겨울에는 찬바람과 추위로부터 몸을 보호할 수 있도록 가난한 서민들은 솜을 넣어 누벼서 만든 솜옷을 입었으며, 신분이 높은 사람이나 부자들은 *비단으로 만든 따뜻한 옷을 입었습니다.

3) 신분에 따른 옷 입기

우리 조상들은 신분과 남자, 여자에 따라 입는 옷이 달랐습니다.

신분이 높은 양반들은 머리에는 갓을 쓰고 비단으로 만든 저고리, 바지에 두루마기나 도포를 입었고, 여자들은 비단으로 만든 치마, 저고리를 입고 외출할 때는 장옷이나 쓰개치마를 머리에 썼습니다.

또한, 여름에도 오늘날의 양말과 같은 버선을 신고, 끈을 꼬아서 만든 *미투리나 가죽으로 만든 *갖신을 신었습니다.

상민은 무명으로 만든 저고리, 바지, 치마를 입었는데 주로 흰색 옷을 입고 가난한 사람들은 맨발에 볏짚을 꼬아 만든 짚신을 신었으며, 비가 오는 날에는 우비처럼 생긴 *도롱이를 입고, 발에는 나무를 깎아서 만든 나막신을 신었습니다.

낱말공부

*목화 : 솜이 열리는 식물
*모시옷 : 모시풀 껍질을 섬유로 만들어 짠 옷감. 여름 옷감으로 사용
*삼베옷 : 삼나무의 껍질로 짠 옷감
*비단 : 누에에서 뽑은 명주실로 만든 옷감
*미투리 : 삼이나 노 따위로 짚신처럼 삼은 신. 흔히 날을 여섯 개로 한다
*갖신 : 가죽으로 만든 우리 고유의 신
*도롱이 : 짚, 띠 따위로 엮어 허리나 어깨에 걸쳐 두르는 비옷

4) 남, 여 성별에 따른 옷 입기

남자들은 통이 넓은 바지와 허리 아래까지 내려오는 저고리를 즐겨 입었으며, 여자들도 통이 넓은 바지와 폭이 넓은 치마, 허리 아래까지 내려오는 저고리를 즐겨 입었습니다.

혼례 때는 요즘 결혼할 때 입는 *예복과 달리 신랑은 관리들이 입는 *관복을 입었고, 신부는 화려한 *원삼을 입었으며, 머리에는 *족두리를 쓰거나 꽃을 수놓은 화관을 썼고, 꽃버선과 꽃신을 신었습니다.

*예복 : 의식을 치르거나 특별히 예절을 차릴 때에 입는 옷
*관복 : 벼슬아치가 입던 정복
*원삼 : 부녀 예복의 하나. 흔히 비단이나 명주로 지으며 연두색 길에 자주색 깃과 색동 소매를 달고 옆을 튼 것으로 홑옷, 겹옷 두 가지가 있다
*족두리 : 부녀자들이 예복을 입을 때에 머리에 얹던 관의 하나

02 선조들의 음식문화
(전통 음식에 대해 알기)

한국인의 식생활 문화

　우리 조상들은 남자와 어른을 존중하여 가족들이 모여 식사를 할 때에도 밥상 앞에서의 예절과 규칙이 있었습니다.
　남녀는 서로 다른 밥상에서 숟가락과 젓가락을 사용하여 식사하였으며, 남자 어른이 먼저 식사를 시작한 후에 어린이와 여자들이 식사할 수 있었습니다. 또한, 식사 중에 이야기를 많이 하거나 음식을 입에 넣고 말하는 것을 엄격하게 금하였습니다.

　우리 조상들이 먹는 음식은 계절에 따라 종류가 달랐습니다.
　옛날부터 더운 여름에는 시원한 *냉국, *챗국과 무침, 조림, *쌈 등을 즐겨 먹었고, 추운 겨울에는 몸을 따뜻하게 하는 뜨거운 국물과 찌개, 구이, 김치 등을 즐겨 먹었습니다.
　쇠로 만든 *솥이 널리 사용되었고, 밥을 지은 솥 바닥에 밥알이 눌어붙은 것이 '누룽지'이고, 누룽지에 물을 붓고 끓인 것을 '숭늉'이라고 합니다. 누룽지나 숭늉은 맛이 매우 고소하며, 특히 누룽지는 어린이들이 간식으로 많이 먹었습니다.

낱말공부

*냉국 : 찬물에 미역이나 오이를 넣어 만든 국
*챗국 : 무를 가늘게 썰어 찬물로 만든 국
*쌈 : 배추나 상추에 밥을 싸 먹는 것
*솥 : 밥을 짓는 쇠로 만든 도구

　오늘날에는 간식으로 우유, 빵, 과일, 통닭, 피자, 튀김 등을 주로 먹지만, 먹을 것이 많지 않았던 옛날에는 쌀로 만든 떡이나 엿, 식혜, 감자, 고구마, 옥수수 등을 먹었습니다.

1) 쌀밥과 젓가락

　우리가 밥 먹을 때 반찬을 집는 젓가락은 처음에는 제사 때 *신에게 음식을 바치기 위해 도구로 사용하던 나뭇가지였다고 합니다.
　지금처럼 두 개를 한 짝으로 쓰던 것이 아니라, 처음에는 한 개만 사용했다고 합니다.
　그러던 것이 일반 사람들에게도 보급되어 사용하게 된 도구입니다.
　***차진** 쌀을 주로 먹는 우리나라와 일본에서는 짧은 젓가락을 사용하고, 찰기가 없는 쌀을 주로 먹는 중국에서는 긴 젓가락을 사용합니다.
　그리고 밥이나 국을 먹을 때는 떠서 입에 넣기 편한 숟가락을 사용하기 때문에, 젓가락은 주로 반찬을 집는데 사용되었습니다.
　그래서 우리나라의 젓가락 모양은 다른 나라와는 달리 납작한 모양을 띠게 되었습니다.

2) 대표 음식 – 김치 이야기

① 김치의 유래

우리나라 사람들은 식사할 때 "김치를 먹지 않으면 밥을 먹은 것 같지 않다."는 말들을 합니다. 그만큼 김치는 우리의 음식문화에서 빼 놓을 수 없는 가장 중요한 식품이랍니다.

김치의 역사는 옛날 삼국시대로 거슬러 올라갑니다.
우리나라는 봄, 여름, 가을, 겨울 사계절의 기온 변화가 매우 심합니다.
추운 겨울에 채소를 먹을 수 없게 되자, 영양 보충을 위해 배추를 소금으로 절여 여러 가지 양념을 섞어 저장해 두고 먹음으로써, 밥에서 부족한 각종 영양분을 보충할 수 있도록 한 것입니다.
소금에 절인 배추는 *발효(익는)과정에서 사람에게 아주 이로운 여러 가지 ***영양소**가 만들어집니다.
또한, 여러 가지 재료의 양념이 어우러져 맛이 좋습니다.
이러한 김치의 좋은 점 때문에, 일본에도 전해진 김치는 이제는 세계 여러 나라로 수출되어 많은 사람들로부터 사랑을 받고 있습니다.
오늘날 현대과학으로도 증명된 우리의 ***전통 음식**인 김치의 장점을 자랑스럽게 여기며, 우리 조상들의 지혜를 본받아야 하겠습니다.

 낱말공부

*신 : 초자연적인 종교적 대상
*차진 : 끈적끈적한 정도가 큰 상태
*발효 : 탄수화물이 분해되어 이로운 성분으로 바뀌는 작용
*영양소 : 몸에 이로운 성분
*전통 음식 : 김치, 된장 등 옛날 선조 때부터 먹던 음식

② 김치의 종류

　김치는 배추, 무를 주재료로 하고 갓, 미나리, 마늘, 파, 생강, 고춧가루와 같은 맵고 향긋한 맛을 내는 채소로 양념하고, 소금과 젓갈로 간을 맞춥니다.
　김치는 담그는 재료에 따라 배추김치, 열무김치, 파김치, 오이소박이, 갓김치, 미나리김치, 고들빼기김치 등 종류가 아주 많습니다.

배추김치

배추김치

　배추를 통째로 소금에 절여 잎 사이에 양념을 넣어 담그는 김치로, 겨울철에 먹는 '*김장김치'가 대표적입니다.
　같은 배추김치라도 지방에 따라 다릅니다.
　기후에 따라 날씨가 따뜻한 남쪽 지방에서는, 젓갈과 고춧가루를 많이 사용하여 짜고 매우며, 국물이 거의 없이 담갔습니다.
　날씨가 추운 북쪽 지방에서는, 소금과 고춧가루를 적게 넣어 싱겁고 맵지 않으며 국물이 많고 *담백하게 담갔습니다.

무김치

무김치

　무를 주재료로 하여 소금에 절여 배추김치와 같은 방법으로 담급니다.
　계절에 따라 담그는 방법이나 무의 크기가 다르지요.

겉절이

겉절이는 주로 상추나 배추를 소금에 잠깐 절였다가 무치기도 하고, 절이지 않고 참기름, 마늘, 고춧가루 등 여러 가지 양념을 넣어 버무린 김치로, 입맛이 없을 때 먹으면 군침이 돌아 밥맛이 아주 좋아집니다.

열무김치

열무는 작고 가늘지만 대가 굵고 푸른 잎이 많아, 봄부터 여름 내내 김칫거리로 가장 많이 쓰입니다.

생선을 소금에 절여서 삭힌 젓갈을 넣어 국물 없이 담그거나, 찹쌀가루나 밀가루를 끓인 풀 국을 넣어 시원한 국물김치로 담그기도 합니다.

더운 여름 열무김치 비빔밥, 열무김치 냉면은 한국인이라면 누구나 좋아하는 여름철 음식이랍니다.

기타

이외에도 계절이나 재료에 따라 봄에는 나박김치, 채 깍두기, 배추 겉절이, 여름에는 *오이소박이, *부추김치, 가을에는 깍두기, *총각김치, 겨울에는 *동치미, *백김치, *보쌈김치 등 종류가 200여 가지에 이를 정도로 많습니다.

이렇듯 김치는 우리 고유의 음식이며, 한국을 대표하는 음식이기도 합니다.

오이소박이

③ 김치의 영양분

　김치에는 건강에 이로운 여러 가지 영양분이 많이 들어있습니다.

　김치는 밥을 주로 먹는 우리 민족에게 겨울에 부족해지기 쉬운 비타민을 섭취할 수 있게 해 줍니다. 그리고 김치가 익을 때 만들어지는 '*유산균'은 밥맛을 좋게 해 주고, 뱃속에 나쁜 균이 자라지 못하게 막아줍니다.

　또한, 채소에 많이 들어 있는 '섬유소'는 변비를 예방해 주고, *콜레스테롤 수치를 낮추어 *성인병을 예방해 줍니다.

　거기에다 김치에서 무서운 암을 예방해 주는 성분까지 발견되었으니, 우리 몸에 정말 좋은 음식임이 분명합니다.

　어때요? 여러분!
　병에 걸리지 않고 건강해지기 위해서라도 김치를 많이 먹어야 하겠지요?

 낱말공부

*김장 : 겨우내 먹기 위하여 김치를 한꺼번에 많이 담그는 일
*담백하다 : 음식이 느끼하지 않고 산뜻하다
*오이소박이 : 오이의 허리를 서너 갈래로 갈라 속에 파, 마늘, 생강, 고춧가루를 섞은 소를 넣어 담근 김치
*부추김치 : 부추 잎을 소금에 절였다가 담근 김치
*총각김치 : 굵기가 손가락만 한 또는 그보다 조금 큰 어린 무를 무청째로 여러 가지 양념을 버무려 담근 김치
*동치미 : 무김치의 하나. 흔히 겨울철에 담그는 것으로 소금에 절인 통 무에 끓인 소금물을 식혀서 붓고 심심하게 담근다.
*백김치 : 고춧가루를 쓰지 않거나 적게 써서 허옇게 담근 김치
*보쌈김치 : 무나 배추를 일정한 크기로 썰어서 갖은 양념을 한 것을 넓은 배춧잎으로 싸서 담근 김치
*유산균 : 당류를 분해하여 젖산을 만드는 균의 하나
*콜레스테롤 : 혈액 속에 콜레스테롤이 지나치게 많아 동맥이 굳는 증상. 흔히 동맥에 쌓여 동맥 경화증을 유발한다.
*성인병 : 중년 이후에 문제 되는 병을 통틀어 이르는 말. 동맥 경화증, 고혈압, 악성 종양, 당뇨병, 백내장, 심근 경색
*너비아니 : 얄팍하게 저며 갖은 양념을 하여 구운 쇠고기
*후식 : 식사 뒤에 먹는 과일이나 아이스크림 따위의 간단한 음식

3) 맛있고 영양가 많은 전통음식

① 불고기

불고기는 연한 쇠고기의 안심이나 등심 등을 얇게 썰어 마늘, 파, 설탕 등 양념에 재워 두었다가 불에 구워 먹는 한국의 대표 음식이랍니다.

옛날에는 *너비아니라고 했으며, 돼지 고기로 만든 것은 따로 돼지 불고기라고 합니다.

소 불고기를 먹을 때는 소화를 돕기 위해 '배'를 *후식으로 먹기도 합니다.

불고기

② 갈비

소나 돼지 따위의 갈비를 토막 내어 마늘, 파, 간장, 꿀, 파, 마늘, 참기름 등의 여러 가지 양념에 재워 두었다가 숯불에 구워 먹거나 찜으로 해먹는 맛있는 고급 요리랍니다.

몸이 아프거나 기운이 없을 때 먹으면, 기운을 *회복하는데 아주 좋습니다.

갈비

③ 삼계탕

우리 조상들은 무더운 여름을 잘 견디기 위해 *복날에 몸을 보신할 수 있는 음식을 먹었는데, 그중 하나가 바로 닭을 이용한 삼계탕입니다.

삼계탕은 알을 낳기 전의 어린 암탉의 뱃속에 인삼, 밤, 대추, 마늘, 찹쌀을 넣고 물을 넉넉히 부어 푹 끓여 먹었던 음식입니다.

여름철이 되면 땀을 많이 흘리고 차가운 음식을 많이 먹어 우리 몸이 지쳐있을 때, 단백질과 필수 아미노산이 풍부한 닭에 *기를 보충해주는 인삼과 마늘을 넣은 뜨거운 삼계탕을 먹게 해서 여름을 건강하게 잘 보낼 수 있도록 한 우리 조상들의 지혜를 엿볼 수 있습니다.

삼계탕

④ 비빔밥

비빔밥은 밥에 나물·고기·고명·양념 등을 넣어 참기름과 양념으로 비빈 음식으로 '골동반'이라고도 합니다.

비빔밥의 *유래는 조선 시대 임금이 점심때나 종친이 입궐하였을 때 먹는 가벼운 식사였다고 하는 궁중 음식설과 제사를 마치고 여러 제사 음식을 비벼 먹게 되었다는 *음복설, 바쁜 농번기에 그릇 하나에 여러 가지 음식을 섞어 먹게 되었다는 농번기 음식설 등이 있습니다.

비빔밥

대표적인 비빔밥으로 '전주비빔밥'과 '진주비빔밥'이 있습니다.

전주비빔밥은 평양의 냉면, 개성의 *탕반과 함께 조선 시대 3대 음식으로 꼽힐 정도로 유명합니다.

쌀밥에 사골국과 콩나물, 그리고 고추장을 주재료로 하여 소고기 *육회, 달걀, 황포묵을 넣고 막장, 참기름을 넣어서 비벼 먹습니다.

또 각종 나물과 김, 잣, 은행, 호두 등을 넣어 비벼 먹으면 맛은 물론 영양도 만점이었습니다.

진주비빔밥은 꽃밥이라고도 하고, 밥을 담는 *놋그릇에 흰 쌀밥 그리고 다섯 가지 나물이 녹색, 청색으로 어우러졌다고 해서 다른 말로는 '칠보 비빔밥'이라고 합니다. 고추장과 함께 여러 가지 재료를 넣고 끓인 '보 탕국'이라는 국을 넣고 비빕니다.

비빔밥은 음식의 색깔이나 맛, 영양 면에서 선조들의 멋을 느낄 수 있는 음식으로 요즘에는 세계에 이름을 떨치고 있습니다.

 **낱말공부**

***회복** : 원래의 상태로 돌아감
***복날** : 초복, 중복, 말복이 되는 날
***기** : 활동하는 힘
***유래** : 일이 생겨난 까닭
***음복** : 제사가 끝난 후 음식을 나누어 먹는 일
***탕반** : 더운 장국에 말은 밥
***육회** : 소의 살코기를 잘게 썰어 갖은 양념을 하여 날로 먹는 음식
***놋그릇** : 놋쇠로 만든 그릇. 유기그릇

4) 장

　우리나라 음식은 대부분 간장, 된장, 고추장으로 양념하고 간을 맞추어 맛을 냅니다. 그래서 철 따라 장 담그는 일을 가장 중요한 일로 여겨 장을 담그려면 좋은 날을 잡아 장맛이 변하지 않도록 정성을 다했습니다.

① 된장

　된장은 우리 조상들이 오래전 옛날, 삼국 시대부터 먹었던 식품이랍니다.
　콩을 푹 삶아 메주를 만들어 볏짚을 깔고 2~3일간 말린 후 따뜻한 곳에 매달아 두어 띄웁니다. 한 달 정도 지나서 잘 뜬 *메주를 깨끗이 씻은 후 *항아

〈 메주콩 삶기 〉　　〈 메주 만들기 〉　　〈 메주 말리기 〉

〈 장 담그기 〉　　〈 메주를 꺼내 된장 만들기 〉

된장 담는 과정

리에 넣고 소금물을 부어 볕이 잘 드는 곳에 30~40일 정도 둡니다. 이때 잡균과 나쁜 냄새가 생기지 않도록 마른 고추와 숯을 넣기도 합니다. 이렇게 잘 숙성되면 메주를 건져서 소금을 넣고 잘 으깨어 항아리에 담고 숙성을 시킨 것을 '된장'이라고 합니다. 주로 음식의 간을 맞추고 *양념을 하는 데 쓰입니다.

② 간장

간장은 우리 음식을 대표하는 기본양념으로 대부분 간을 맞추고 색을 내는 데 쓰입니다.

콩으로 만든 메주에 소금물을 부어, 한 달 정도 지나서 메주에서 우러난 물을 따로 떠내어 체로 걸러서 솥에 붓고 달여서 만듭니다. 간장은 오래될수록 맛이 좋아집니다.

③ 고추장

고추장은 곱게 간 메줏가루에 빨갛게 잘 익은 고추를 말려서 곱게 빻은 고춧가루, 엿기름가루, 찹쌀가루나 밀가루를 넣고 소금과 간장을 넣어 간을 맞춘 다음, 항아리에 담아 볕이 잘 드는 곳에 놓고 *숙성시켜서 만듭니다.

고추장은 생선찌개나 떡볶이 요리를 할 때 양념으로 쓰이며, 추위도 이겨 내고 *면역력도 키워 주어, 건강에도 아주 좋은 식품이랍니다.

매운맛도 즐기고, 정신적으로도 안정을 가져다주는 전통음식, 고추장 맛을 느껴 보세요.

④ 청국장

　청국장은 영양분이 많고 소화가 잘되는 음식입니다.

　고구려 시대에 장거리 *원정 전투를 치르는 군대가 먹기 위해 삶은 콩을 소금과 적당히 섞은 다음, 지푸라기로 만든 주머니에 넣어 말안장 밑에 넣고 다니던 것이 말의 체온 때문에 저절로 발효되면서 청국장이 되었다고 합니다.

　청국장은 콩을 삶아 볏짚을 깐 그릇에 담고 이불이나 담요로 따뜻하게 덮어 2~3일 두면 발효가 됩니다. 끈끈한 점액이 생기면 소금, 고춧가루, 마늘 등을 넣고 절구에 찧어 그릇에 담아 두었다가 고기, 두부, 고추를 넣고 찌개를 끓여 먹습니다.

　찌개를 끓이면 고약한 냄새가 나서 싫어하는 사람도 많지만, 청국장에는 비타민 E, 식이섬유 등이 많이 들어 있어서 *노화를 방지해 주고, 심장병이나 당뇨병을 예방해 준다고 합니다.

　또 최근에는 *항암효과가 있다고 알려지면서 더욱 인기가 많습니다.

 낱말공부

*메주 : 콩을 삶아서 찧은 다음, 덩이를 지어서 띄워 말린 것. 간장, 된장, 고추장 따위를 담그는 원료로 쓴다.
*항아리 : 흙으로 만든 질그릇
*양념 : 음식의 맛을 높이기 위해 쓰는 재료
*숙성 : 효소나 미생물의 작용으로 발효된 것이 잘 익음
*면역력 : 외부에서 들어온 병원균에 저항하는 힘
*원정 : 먼 곳으로 싸우러 나감
*노화 : 늙어가는 것
*항암효과 : 암세포의 증식을 억제하는 효과

03 우리 선조들이 살던 전통 한옥

1) 한옥이란?

한옥은 서양식 주택, 즉 양옥에 대한 반대말로 한국의 전통 건축 양식으로 지은 집을 말합니다.

우리 조상들은 집을 지을 때, 뒤쪽에는 산이 있어서 추운 겨울철에 찬 바람을 막을 수 있고, 따뜻한 햇볕을 많이 받을 수 있는 남향으로 집을 지었습니다.

2) 한옥의 종류

① 초가집

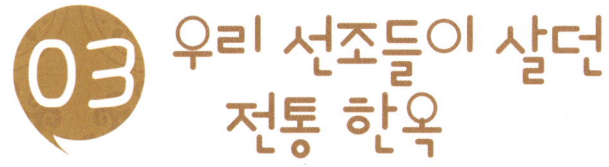

초가집

초가집은 주로 가난한 서민들이 사는 집으로 *볏짚을 엮은 *이엉으로 지붕을 덮었습니다.

초가지붕은 겨울에는 열을 빼앗기지 않고, 여름에는 강렬한 태양열을 차단해 주며, 비도 잘 스며들지 않아 가장 널리 사용되었습니다.

초가집은 자연에서 쉽게 구할 수 있는 볏짚이나 나무와 흙으로 지은 **자연친화적**인 집이며, 여름에는 시원하고 겨울에는 따뜻합니다.

② 기와집

　기와집이란 흙을 구워서 만든 *기와로 지붕을 덮은 집으로, 겉모양이 매우 아름다울 뿐만 아니라, 자연에서 재료를 구해 친환경적이랍니다.
　주로 임금님이 사는 *궁궐이나, 벼슬이 높거나 돈이 많은 부자들이 살았던 집입니다.

기와집

낱말공부

- *볏짚 : 벼의 낟알을 떨어낸 줄기
- *이엉 : 볏짚을 엮어 만든 것
- *자연친화적 : 자연을 해치지 않는 방법
- *기와 : 흙을 빚어 구워서 만든 지붕을 덮는 재료
- *궁궐 : 임금이 살며 나랏일을 하는 집
- *서까래 : 지붕을 받치는 통나무
- *한지 : 닥나무로 만든 전통 종이
- *문살 : 문짝에 종이를 바르거나 유리를 낄 때 받침이 되는 것
- *정겨움 : 정이 넘칠 정도로 매우 다정함
- *담 : 집의 둘레를 둘러막기 위해 돌, 벽돌 따위로 쌓은 경계

3) 한옥의 재료

우리 조상들은 집을 지을 때, 집 짓는 재료를 자연에서 쉽게 구할 수 있는 돌과 나무들을 사용했습니다.

지붕을 받치는 기둥과 *서까래, 문, 마룻바닥 등은 나무를 사용했고, 벽은 짚과 흙을 섞은 흙벽으로 만들어, 추위와 더위 그리고 습기까지 막아 주는 역할을 했으며, 창문에는 역시 천연 원료로 만든 *한지를 발랐습니다.
지붕은 부잣집에서는 흙을 구워 만든 기와를 얹고, 서민들은 볏짚으로 만든 초가지붕으로 만들었습니다.

한옥은 여러 가지 아름다운 모양과 무늬로 독특한 멋을 부렸습니다. 지붕의 선과 담장, 그리고 *문살의 무늬 등에서 자연과의 조화를 중요하게 생각한 조상들의 은은한 멋과 *정겨움을 느낄 수 있습니다.

4) 한옥의 구조

① 울타리와 *담

집은 가족들이 안전하고 편안하게 쉴 수 있으며, 추위나 더위를 피할 수 있어야 합니다.
집은 외부와 구분되고, 가족을 보호하기 위해 울타리나 담을 쌓았습니다. 울타리는 나무를 심어 경계를 두었고, 대나무나 나뭇가지를 엮어 세우기도 하였습니다.

담은 흙으로 벽돌을 만들어 쌓은 토담과 돌로 쌓은 돌담, 담에다 무늬를 넣어 만든 꽃담 등이 있습니다.

② 대문

집안으로 들어가는 출입문인 대문에는 대나무나 나뭇가지로 만든 *사립문, 막대기만 걸쳐 놓는 *정낭, 신분이 높은 사람이 사는 집의 대문 위에 기와를 얹은 *솟을대문 등 여러 가지 모양이 있습니다.

대문을 열고 마당에 들어서면 *부녀자들이 거처하는 *안채와 남자들이 거처하는 *사랑채가 보이는데, 안채가 사랑채보다 약간 높은 곳에 있습니다.

서민들의 집은 주로 초가지붕으로 되어 있고, 한 지붕 아래 부녀자들이 거처하는 안방과 남자들이 거처하는 사랑방, 밥을 짓는 부엌 등이 배치되어 있습니다.

솟을대문

정낭   사립문

③ 마루

마루는 나무판을 깔아서 만듭니다.

바닥이 땅으로부터 떨어져 있어서 바람이 잘 통하여 시원하므로 여름에는 쉬는 공간으로 활용했습니다.

규모가 큰 대청마루와 방과 방을 연결해 주는 툇마루, 더운 여름철에 쉬기 위한 누마루와 쪽마루도 있습니다.

대청마루

낱말공부

* **사립문** : 나무로 만든 출입문
* **정낭** : 제주에서 대문에 걸쳐 놓는 굵은 나무
* **솟을대문** : 행랑채의 지붕보다 높이 솟게 지은 대문
* **부녀자** : 결혼한 여자와 성숙한 여자를 통틀어 이르는 말
* **안채** : 한 집에 안팎 두 채의 집이 있을 때, 안쪽에 있는 집.
* **사랑채** : 바깥채나 바깥쪽에 있는 집채

④ *온돌

　다른 나라에는 없는 우리의 전통 난방 방식으로 아궁이에 땐 불로 '*구들'이라고 하는 방바닥 밑에 깐 돌을 데워서 방을 따듯하게 하는 난방장치입니다.
　방은 *아궁이에 가까운 아랫목에는 두꺼운 돌을 깔았고 먼 쪽의 윗목에는 얇은 돌을 깔아 빨리 달구어지게 하였습니다.
　방바닥은 황토를 발라 편평하게 한 후 한지를 바르고 콩기름을 칠해서 습기를 막아주니 건강에도 좋습니다.

　요즘은 *입식 생활을 하는 서양 사람들에게까지도 온돌의 우수성이 알려져 인정받고 있습니다.

⑤ 부엌

　부엌은 불을 때고 음식을 준비하는 공간입니다.
　아궁이에 불을 때서 음식도 하고 그 열로 방도 따뜻하게 합니다.

⑥ 곳간, 외양간과 뒷간

　집에는 사람이 생활하는 공간 외에도, 곡식이나 농사지을 때 필요한 농기구 또는 살림 도구를 넣어 두는 *곳간이라는 곳도 있습니다.

　소나 돼지 등의 가축을 기르는 *외양간도 있고, 화장실인 '뒷간'도 있습니다. 외양간이나 뒷간은 냄새도 많이 나고, *불결하므로 외진 곳에 배치했습니다.

5) 한옥의 특징

한옥의 가장 큰 특징은 마루와 온돌이라고 할 수 있습니다.

우리 조상들은 덥고 비가 자주 내리며 습기가 많은 여름을 지내기 위해서, 바닥을 지면으로부터 떨어지게 하여 그 밑으로 *통풍이 잘되게 한 시원한 '마루'를 사용하였고, 추운 겨울을 지내기 위해서 방바닥을 따뜻하게 해 주는 '온돌'이라는 난방방식을 이용하였습니다.

그래서 추운 북쪽 지방에서는 온돌이 발달하였고, 더운 남쪽 지방에서는 마루가 발달하였습니다.

☑ 지금까지 여러분은, 우리 선조들의 생각과 살아온 방식에 대해 알아보았습니다.

여러분이 한국인임을 잊지 않고 자랑스럽게 생각하며, 선조들의 빛나는 전통을 이어, 미래를 준비할 수 있도록 하세요.

 **낱말공부**

*온돌 : 아궁이에 땐 불이 방 밑을 통과하여 방을 덥히는 장치
*구들 : 한옥에서 방바닥에 까는 넓은 돌
*아궁이 : 부엌에서 불을 지피는 구멍
*곳간 : 물건을 간직하여 두는 곳
*외양간 : 소나 말을 기르는 곳

*불결 : 깨끗하지 아니하고 더러움
*통풍 : 바람이 통함
*입식 생활 : 서양의 생활방식으로 침대나 의자, 식탁 등을 사용하여 주로 서서 활동하는 양식

네 번째이야기

자랑스러운 한국, 한국인

1. 세계 속의 한국인
2. 한국을 빛낸 기업인들
3. 한국의 자연
4. 자랑스러운 한국의 세계유산

대한민국! 언제 들어도 좋은 이름입니다.

지금까지 공부를 통해 살펴보았듯이, 일제 식민지와 6·25 전쟁을 겪으며, 세계에서 가장 가난한 나라에서 당당히 선진국 대열에 올라선 자랑스러운 나라입니다.

01 세계 속의 한국인

한국인은 세계 속에 뿌리를 내리고 살고 있습니다. 각자 살고 있는 곳에서 한국을 빛내고, 한국의 *위상을 높이며 살아가고 있습니다.

오늘날의 한국이 있기까지, 한국의 발전을 위해 애쓰신 분들에 대해서 알아보겠습니다.

1) 무명의 영웅들

오늘의 한국은 보이지 않는 곳에서 묵묵히 자기 일을 열심히 하신 분들에 의해 이루어졌습니다.

① 국립*현충원

현충원에는 나라를 위해 목숨을 바친 분들의 *영령이 잠들어 있습니다.
이분들은 자신을 내세우지 않고, 오직 나라만을 위해 싸우다 가신 분들입니다.
이러한 분들의 값진 희생이 있었기에 오늘의 대한민국이 있고, 우리가 편히 사는 것입니다.

국립현충원

② *산업의 *역군들 (부지런하고 근면한 국민성)

 이른 새벽, 길을 치우고 쓰레기를 처리하시는 미화원, 밤샘하며 치안을 돌보는 경찰, 전·후방에서 나라를 지키는 군인, 산업 현장에서 피땀 흘려 일하는 산업 일꾼들, 모두가 애국자이고 위대한 대한민국의 국민입니다.

③ 과거 대한민국이 몹시 가난했을 때, 외화를 벌기 위해 중동이나 서독에서 땀 흘려 일하신 분들

 이분들은 뜨거운 *열사의 나라 중동에서 일했고, 서독에서 어둡고 찌는 듯한 열기를 참아내며 일하신 광부들, 그리고 낯선 이들의 치료와 위로를 위해 헌신하신 간호사들입니다.

④ 월남전에 참전한 국군 용사들

 월남이 공산화 위기에 놓여 있을 때, 민주주의를 지키기 위해 우리나라 국군이 참전해서 외국에서 지원을 받을 수 있었습니다.

낱말공부

*위상 : 어떤 사물이 가지는 위치나 가치
*현충원 : 국가나 민족을 위해 목숨을 바친 영령들이 안장되어 있는 묘지
*영령 : 죽은 사람의 영혼을 높여 이르는 말
*산업 : 인간이 생계를 유지하기 위하여 일상적으로 종사하는 생산적 활동.
*역군 : 일정한 부문에서 중요한 역할을 하는 일꾼
*열사 : 햇볕 때문에 뜨거워진 모래

⑤ 외국*이민자들

조국을 떠나 낯선 곳에서 삶의 *터전을 일군 이민자들이 우리나라를 빛나게 하고 있습니다. 이들은 나라를 떠난 설움과 높은 언어 장벽을 이겨내며 끈질기게 터전을 일궜습니다.

이렇게 나라를 위해 헌신하신 분들이 있었기에 오늘의 한국이 있을 수 있었습니다. 우리는 이분들에게 항상 감사한 마음을 가지고 살아야 합니다.

2) 스포츠 강국 – 대한민국

대한민국의 인구는 5천만 정도이며 땅도 넓지 않지만, 세계 스포츠계의 강국입니다.

제24회 88서울올림픽

1988년에는 '제24회 서울 올림픽'을 성공적으로 *개최하였고, 2002년에는 일본과 함께 '2002 한·일 월드컵'을 개최했습니다.

2011년에는 대구에서 '세계육상선수권 대회'를 개최하였으며 2018년에는 '평창 동계올림픽' 개최를 *확정 지었습니다.

이 네 가지 대회를 '세계 4대 스포츠 대회'라고 합니다. 이 대회를 모두 개최한 나라는 동계 올림픽을 아직 실행은 하지 않았지만, 우리나라를 포함하여 독일, 프랑스, 일본 이탈리아, 러시아 이렇게 6개 나라밖에 되지 않습니다. 주요 대회를 모두 개최한 것뿐만 아니라 올림픽과 월드컵, 세계 야구 등 여러 종목에서 상당한 실력을 자랑하고 있습니다. 자랑스러운 일입니다.

3) 세계 속의 우리의 위상

대한민국은 세계가 인정하고 있는 위대한 나라입니다.
*문맹률 세계 최저, IT산업 1위, 반도체 1위, 휴대전화기 1위, 조선 1위, 철강 1위, 외화 보유액 3위, 자동차 생산량 5위, 무역규모 6위, 경제 규모 11위 등 여러 부문에서 상위권의 성적을 내고 있습니다. (2011년 기준)

우리나라는 1964년 11월 30일을 '수출의 날'로 정했습니다. 수출의 날은 우리나라가 처음으로 수출 실적이 1억 달러에 이른 것을 기념해서 정한 날입니다. 44년이 흐른 2011년에는 무역 1조 달러에 이르렀습니다. 우리나라 무역이 얼마나 빠르게 성장했는지 알 수 있겠지요?

문화적으로 보면 K-pop과 가수 싸이 그리고 드라마가 세계적으로 한류 열풍을 일으키고 있습니다.
세계 여러 나라의 사람들이 한국 노래를 듣고, 한국의 드라마를 즐기고 있으며, 한국 따라 하기에 열중이랍니다.

낱말공부

*이민자 : 자기 나라를 떠나 다른 나라로 이주하여 사는 사람
*터전 : 살림의 근거지가 되는 곳. 자리를 잡은 곳
*개최 : 모임이나 회의 따위를 주최하여 엶
*확정 : 일을 확실하게 정함
*문맹률 : 배우지 못하여 글을 읽거나 쓸 줄 모르는 사람의 비율

4) 위대한 한국인

한국을 빛낸 사람들은 아주 많습니다.

먼저 지구촌 대통령이라 불리는 반기문 UN 사무총장과 피겨스케이팅의 김연아 선수를 알아보려고 합니다.

① 반기문 UN 사무총장

2006년 12월 15일이었습니다.

국제연합본부에서 UN헌장에 손을 얹고 오른손으로 *선서를 하는 사람이 있었습니다.

그는 "나는 UN 사무총장으로서 충성과 분별, 양심을 모아 일을 *수행하며 UN의 이익을 위해 행동할 것을 선서합니다."라고 했습니다.

이 분이 바로 반기문 UN 사무총장입니다.

UN 사무총장이 하는 일은

첫째, UN이 하는 일을 *조정하고 *감독하는 일입니다.

둘째, 세계에 분쟁이 일어나지 않게 조정하는 일입니다.

셋째, 세계 평화 유지를 위해 앞장서는 일입니다.

1962년에 전 세계 43개국에서 성적이 우수한 117명이 미국에 초대되었습니다. 이들은 후진국의 우수한 학생들을 미국에 *초청하여, 한달간 미국에 관해 공부하게 하는 비스타(VISTA) 프로그램으로 초대받아 미국의 케네디 대통령 앞에 있었습니다.

케네디 대통령은 반기문에게 장래의 *희망이 무엇인지 질문을 했습니다. 소년은 또박또박 영어로 대답했습니다.

'I want to be a diplomat.' (저는 외교관이 되고 싶습니다)

이 학생이 오늘날 유엔 사무총장이 된 반기문입니다.

반기문 총장의 영어는 1957년부터 시작됩니다. 그는 충주 중학교에 입학하면서부터 영어를 익혔습니다. 열심히 공부해서 영어의 *신동이라는 말까지 들었습니다. 운 좋게도 미국 선교사들을 만나 고등학교 2학년 때는 영어 회화를 *능숙하게 할 수 있었습니다.

그는 서울대학교로 진학하고 외무고시에 합격해 외교관의 길을 가게 되었지요. 그의 *특기는 *기록하는 것이었습니다.

외교통상부에서 최고 수준의 기록하는 사람으로 통하기도 하였지요.

꿈은 하루아침에 이루어지는 게 아니랍니다.

꿈을 갖고 꾸준히 노력한다면, 그 꿈은 반드시 이루어집니다.

낱말공부

- *선서 : 여럿 앞에서 성실할 것을 맹세함
- *수행 : 생각하거나 계획한 대로 일을 해냄
- *조정 : 어떤 기준이나 실정에 맞게 정돈함
- *감독 : 일이나 사람 따위가 잘못되지 아니하도록 살피어 단속함
- *유지 : 어떤 상태나 상황을 그대로 보존하거나 변함없이 계속하여 지탱함
- *초청 : 사람을 청하여 부름
- *희망 : 앞일에 대하여 어떤 기대를 하고 바람
- *신동 : 재주와 슬기가 남달리 특출한 아이
- *능숙하게 : 능하고 익숙하다
- *특기 : 남이 가지지 못한 특별한 기술이나 기능
- *기록 : 주로 후일에 남길 목적으로 어떤 사실을 적음

② 김연아 선수

김연아 선수는 유치원에 다니던 7살 때, 처음으로 자신의 *재능을 발견하게 되었습니다.

아빠의 손을 잡고 과천에 있는 스케이트장에 갔었습니다.

스케이트를 신고 아빠의 손에 이끌려 얼음판에 섰습니다. 4주간의 겨울방학 스케이트 특강이 끝나고 김연아 선수는 스케이트 선수가 되기로 마음을 정했습니다.

그때 우리나라는 피겨스케이팅에서 많이 뒤져있는 나라였고, 국가의 지원도 많지 않았습니다. 하지만 김연아 선수는 미셸 콴이라는 미국 선수를 자신의 *롤 모델로 삼아 열심히 연습해서 계속 성장했습니다.

결국, 김연아 선수는 '피겨 여왕'이라는 세계인들의 찬사를 받으며 세계 기록을 모두 갱신하였습니다.

'한 번의 *비상을 위해 천 번의 *점프가 있었다.'라는 말이 있습니다.

김연아 선수에게 꼭 맞는 말입니다.

많은 고난과 *역경 속에서도 꺾이지 않고 계속 노력하여 지금의 자리에 오르게 된 것입니다.

여러분도 힘들고 지치더라도 포기하지 않고 열심히 노력한다면, 꼭 훌륭한 사람이 될 수 있을 것입니다.

낱말공부

*재능 : 어떤 일을 하는 데 필요한 재주와 능력
*롤 모델 : 자기가 마땅히 해야 할 직책이나 임무 따위의 본보기가 되는 대상
*비상 : 높이 날아오름
*점프 : 몸을 날리어 높은 곳으로 오름
*역경 : 일이 순조롭지 않아 매우 어렵게 된 처지나 환경

02 한국을 빛낸 기업인들

우리나라에는 많은 기업인들이 있습니다. 모두 훌륭하고 남에게 뒤지지 않는 분들입니다. 그러나 여기에서는 삼성그룹의 이건희 회장, 현대그룹의 창업자인 정주영 회장과 포항제철의 박태준 회장을 뽑아 살펴보려고 합니다.

1) 이건희 삼성그룹 회장

이건희는 삼성 그룹의 회장입니다. 삼성은 그의 아버지 이병철 전 회장이 세웠고 키웠지요. 이건희는 셋째 아들이지만, 아버지는 아들의 *자질을 보고 셋째인 이건희 회장에게 회사를 맡겼습니다.

이건희 회장은 1942년 1월 9일에 태어났습니다. 그는 고등학교를 졸업하고 일본에 유학하여 와세다 대학교 상과를 졸업한 후 미국의 조지 워싱턴 대학교 경영대학원에서 석사 학위를 받았습니다.

귀국 후 삼성의 여러 회사에서 경영수업을 마친 후 삼성전자 부회장을 거쳐 1998년부터 삼성전자 대표이사와 회장을 겸하여 회사를 경영하고 있습니다.

회장이 된 뒤에는 인간중심·기술중시·자율경영·사회공헌을 *축으로 삼아 *획기적인 경영혁신을 추진하여 삼성그룹을 세계 일류 기업으로 발전시켰습니다.

　이건희 회장에 대한 책자나 소개하는 글이 많이 있습니다.
　삼성에 대해 오해나 억측도 많습니다. 그러나 삼성은 우뚝 서서 이윤을 내고 세계의 기업들과 경쟁을 해 승리하고 뛰어나게 보입니다. 이게 삼성이며, 이러한 삼성을 만들어가는 주인공이 바로 이건희 회장입니다.
　세상에서 아주 작은 것은 보이지 않습니다.
　그러나 아주 크면 그것도 보이지 않습니다.
　옛날이야기에 '장님 코끼리 만지기'라는 말이 있습니다.
　장님들이 코끼리를 만져 보았습니다.
　코끼리의 귀를 만진 이는 부채같이 생겼다고 했고, 다리를 만진 이는 기둥 같다고 했으며, 꼬리를 만진 이는 뱀 같다고 했습니다.
　부위마다 다르니 한 곳만 만지면 그럴 수 있겠지요.
　삼성도 이와 같아서, 한쪽만 보면 그 말도 맞고 저 말도 맞습니다.

　이건희 회장은 말이 느려요. 걸음걸이도 그래요. 표정도 언제나 한결같아요. 그러나 사업을 추진하는 경우는 다릅니다.
　이건희 회장의 경영이 어떻기에 삼성이 성과를 내고 *초일류 기업으로 성장했을까요?
　그가 최고로 치는 것이 사람입니다.
　그중에서도 뛰어나게 일 잘하는 사람을 귀하게 대접합니다.
　믿는 사람에게는 책임도 맡기고 권한도 줍니다. 사람이 회사에서 월급만 받으려고 한다면 누가 대접하겠어요. 회사에 크게 도움을 줄 때 인정을 하지요. 그래서 '인간 중심 경영인'이라고 합니다. 이건희 회장은 어디로 갈지를 알고, 이기겠다는 마음이 강한 분이랍니다.

투자는 과감하게 합니다. 잘못되면 망하게 됩니다. 그러나 투자할 때마다 성공했습니다.

어떻게 가능할까요? *비결이 있습니다. 많이 생각하는 것이지요. 창가에 앉아 온종일 생각하고 또 생각해도 부족하다고 느낍니다. 그래서 더 깊이 생각하고 *만약을 마음에 담아 두었다가 결정합니다. 이것이 바로 이건희 회장의 경영 방식입니다.

그는 조직도 귀하게 여기고 사회 *공헌을 위해 해야 할 일을 꾸준히 합니다. 기업이 해야 할 일입니다. 최고의 자리는 힘들고 외로운 자리에요. 잘할 수 있게 박수를 보냅시다.

낱말공부

*자질 : 타고난 성품이나 소질
*축 : 생각이나 활동의 중심
*획기적인 : 어떤 분야에서 전혀 새롭고, 이전과 뚜렷이 구분되는 것
*초일류기업 : 기업 중에서 최고로 으뜸인 기업
*비결 : 세상에 알려지지 않은 자기만의 뛰어난 방법
*만약 : 혹시 있을지도 모르는 뜻밖의 경우
*공헌 : 힘을 써 이바지함

2) 정주영 현대그룹 전 회장

기업은 최대의 *이윤을 얻기 위해 노력합니다.

정주영 회장은 짧은 시간에 기업을 키워 성공했습니다.

그는 1915년 강원도 통천군 송전면 아산리에서 6남 2녀 중 장남으로 태어났습니다. 그의 집은 가난했습니다. 그래서 정주영 회장은 초등학교만 졸업하고 집을 나와 돈을 벌었습니다.

*장남으로서 집에 보탬이 되기 위해서였습니다.

정주영은 미래를 내다볼 줄 아는 지혜와 부지런함을 바탕으로 시멘트, 자동차, 조선, 건설 등 꼭 필요한 산업을 일으켜 대한민국의 발전에 크게 공을 세웠습니다.

정주영 회장과 관련한 유명한 이야기들을 알아볼까요?

*조선업의 발전 가능성을 보고 *조선소를 세울 생각을 한 정주영은 다른 나라에서 돈을 꾸려고 했으나 모두 거절당했습니다.

그런데 영국의 버클리 은행이라는 곳에서 돈을 빌려주겠다고 해서 조선소를 지을 미포만의 모래사장을 찍은 사진과 *사업 계획서를 가지고 갔습니다.

돈을 빌려 주겠다는 은행에서는 질문이 많았고 조건이 매우 까다로웠습니다. "전공이 무엇이며, 배는 누가 사고, 기술력은 있습니까?"라는 질문에 "공부는 초등학교만 졸업했고, 전공은 사업계획서가 있지 않느냐?

그게 내 전공이다."라고 당당하게 대답했습니다.

그리고 누가 배를 사느냐는 질문에 "당신들이 사주면 되지 않느냐?"고

했다고 합니다.

  또 있습니다. 배를 만드는 기술력에 대해서는 거북선이 그려진 500원짜리 지폐를 보여 주며 "우리 선조들은 400년 전에 이런 배를 만드는 기술이 있었다."고 했습니다.

  두둑한 배짱과 당당함이 은행관계자들을 감동하게 해 자금을 지원받아 조선소를 건설하여 지금의 세계 제1의 조선소로 키웠습니다.

  얼마나 멋지고 지혜롭습니까?

  정주영 회장의 *일화는 계속됩니다.
1983년 서산의 천수만에서 있었던 일입니다.

  바다를 막아 *농지를 만들 계획을 세웠습니다.

  *방조제는 6,400m였습니다. 양쪽에서 흙을 날라다 메워가기 시작했습니다.

  270m만 막으면 끝나는데 여기가 문제였습니다. 서해는 *조수간만의 차가 심해서 물이 빠져나갈 때는 초속 8m로 아주 빠른 물살이었습니다.

  그래서 흙을 메워도, 곧 물에 쓸려가 도저히 막을 길이 없었어요.

  전문가, 기술자, 관계자들 모두 발만 동동 구르고 있을 때, 정주영 회장이 아이디어를 냈습니다.

낱말공부

***이윤** : 물건을 팔아서 비용을 제하고 남은 순수익
***장남** : 둘 이상의 아들 가운데 맏이가 되는 아들
***조선업** : 배를 설계하고 만드는 공업
***조선소** : 배를 만들거나 고치는 곳
***사업 계획서** : 어떤 일을 일정한 목적과 계획을 세우고 짜임새 있게 지속해서 경영하겠다는 보고서
***일화** : 세상에 널리 알려지지 아니한 흥미 있는 이야기
***농지** : 농사짓는 데 쓰는 땅
***방조제** : 뭍으로 밀려드는 바닷물을 막기 위해 바닷가에 쌓은 둑
***조수간만** : 밀물이 되어 바닷물의 높이가 가장 높아졌을 때와 썰물이 되어 바닷물의 높이가 가장 낮아졌을 때의 높이차

　스웨덴에서 고철로 쓰기 위해 사다 놓은 30억 원짜리 배가 있었어요. 이 배를 가라앉혀 270m의 빈틈을 단번에 메우는 공사였습니다.
　이게 성공해서 물막이 공사를 끝낼 수 있었습니다. 바로 정주영 공법입니다. 대단하지요?
　정주영 회장은 큰일을 계속했습니다. 일화도 끝이 없습니다. 한 기업인의 삶 전체가 이야기고 *신화 같습니다.

　다음은 정주영 회장이 평소에 직원들에게 당부한 *경영 철학입니다.

첫째, 소신껏 일하라.
둘째, 시간을 아껴 써라.
셋째, 생각 없이 출근하지 마라.
넷째, 사람들과 좋은 관계를 유지하라.
다섯째, 솔선수범해서 근검, 절약하라.

　여러분도 기억해 두고, 실천해 보시기 바랍니다.

 낱말공부

*신화 : 절대적이고 획기적인 업적을 비유적으로 이르는 말
*경영 철학 : 기업이나 사업 따위를, 관리하고 운영함에 있어 기본 생각
*기간산업 : 한 나라 산업의 기초가 되는 산업. 주로 중요 생산재를 생산하는 산업을 이르는데, 전력·철강·가스·석유 산업 따위가 있다.
*적자 : 지출이 수입보다 많아서 생기는 결손액　　***흑자** : 수입이 지출보다 많아 잉여 이익이 생기는 일
*청탁 : 청하여 남에게 부탁함　　***권한** : 어떤 사람이나 기관의 권리나 권력이 미치는 범위

3) 박태준 포항제철 전 회장

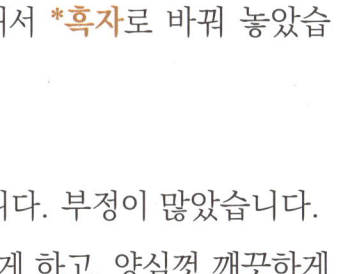

많은 사람들은 박태준 회장을 '철강왕'이라고 하는데 주저하지 않아요. 박태준 회장은 철의 사나이고 군인이었으며 정치인이기도 했습니다.

그러나 기업인으로 더 많이 기억합니다.

그는 1927년 9월 29일에 태어나 5살 때 아버지를 따라 일본에서 성장해 1945년 일본 와세다 대학 기계공학과에 입학하였습니다.

1945년 8월 15일 해방으로 우리나라로 돌아와 1948년 육군사관학교를 졸업하고 육군 소위가 되어 6·25전쟁에 참전하여 싸웠습니다.

군대에서 제대할 때까지 큰 공을 인정받아서 충무 무공훈장과 금성 화랑 무공훈장, 은성 화랑 무공훈장을 받았습니다.

박정희 대통령은 박태준을 신임했습니다.

나라의 *기간산업이 잘 운영되지 않자, *적자만 내고 있던 대한중석이라는 텅스텐을 수출하는 회사를 박태준에게 운영하게 해서 *흑자로 바꿔 놓았습니다.

이때의 사회는 깨끗하게 회사를 운영하지 못했습니다. 부정이 많았습니다.

그러나 박태준 회장은 *청탁이나 부정을 하지 못하게 하고, 양심껏 깨끗하게 운영해서 성공했습니다.

일을 잘하는 박태준을 본 대통령은 제철소를 세우도록 박태준 회장에게 모든 *권한을 맡겼습니다.

이때부터 포항의 바닷가 빈 땅에 제철소를 세우기 시작합니다.

제철 공장을 세우기 위해서는 많은 돈이 필요했으나, 세계은행에서는 돈을 빌려주지 않겠다고 했습니다.

이에 일본이 우리나라에서 36년간 나쁜 일을 한 대가로 받기로 한 '대일 청구권 자금'이라는 돈 일부를 사용하여 공장을 짓기로 했습니다.

공장을 세울 당시, 대통령은 공장을 *국영기업으로 하자고 하였으나, "정권에 따라 회장이 바뀔 수 있고, 지속해서 경영하기 어려우므로에 주식회사 형태로 해야 한다."는 박태준의 의견에 따라 주식회사로 경영되고 있었습니다.

첫 삽을 잡았을 때 그는 회사를 빨리 세우고 경영에 흑자를 내기 위한 아이디어를 짜냈습니다. 그 아이디어는 바로 일반적인 제철, 제강, 압연공장 순서가 아닌 압연, 제강, 제철공장 순서로 건설하는 방식이었습니다.

그래서 공장 완공 이듬해부터 흑자를 내기 시작했습니다.

그는 회사만 경영한 게 아닙니다. 교육, 복지, 스포츠에 관심이 많아 1971년부터 회사의 직원들의 자녀들에게 공부하도록 지원을 해주고, 장학금도 마련해 주었습니다. 이것이 포스코 청암재단입니다.

1986년에는 그 유명한 포항공과대학을 세웠고, 이어 1987년에는 포항산업과학연구원도 설립합니다. 이것을 *산학협동이라고 합니다.

포항제철

산업체와 학교가 함께 연구해서 좋은 성과를 얻어내게 하는 것입니다.

프로축구팀도 만들어 한국의 축구 발전에 이바지하였으며 1982년에는 전남 광양에 제2 제철소를 세웠습니다.

박태준 회장의 인생관은 '개인의 욕심을 버리고 나라와 공적인 일을 먼저 생각하는 삶을 살자'는 것입니다.

그는 조국의 근대화와 부강한 나라, 강한 군대가 있어야 한다고 믿었습니다. 그리고 우리나라는 우리가 지킬 수 있어야 한다는 믿음을 갖고 살며, 철저하게 스스로 모범을 보였습니다.

박태준 회장의 삶의 태도는 '정직, *청렴, *강직, *절도, 그리고 절망은 없다.'였습니다.

'하면 된다.'는 믿음을 갖고 산 '우리 시대의 영웅'입니다.

우리는 이건희 회장, 정주영 회장, 박태준 회장을 알아보았습니다.

단편적인 이야기만 전했으니, 깊이 알고 싶은 사람은 이분들의 참모습을 찾아서 각자 여행을 떠나시기 바랍니다.

낱말공부

*국영기업 : 국가가 설립하여 관리·경영하는 기업
*산학협동 : 기술교육에서 학계, 교육계가 산업계와 제휴·협력하여 교실에서의 이론 학습과 공장에서의 실습을 결합하는 방식

*청렴 : 성품과 행실이 높고 맑으며, 탐욕이 없음
*강직 : 마음이 꼿꼿하고 곧다
*절도 : 일이나 행동 따위를 정도에 알맞게 하는 규칙적인 한도

03 한국의 자연

우리나라는 예로부터 '금수강산'으로 불렸습니다.
이 말은 비단에 수를 놓은 강과 산이라는 뜻입니다. 얼마나 아름다웠으면 이 같은 비유의 말이 생겼을까요?

해방이 됐을 때, 국토의 모든 산이 *벌거숭이였습니다.
일본이 우리의 산에서 좋은 나무를 모두 베어 자기 나라로 가져갔고, 국민들도 산에 나무는 심지 않고 베어다 땔감으로 썼기 때문입니다.
그리고 다시 전쟁을 겪으며 산이 헐벗었습니다. 그래서 비만 오면 흙과 바위가 밀려오고 *산사태가 났습니다.
1960년대 초부터 나라에서는 산을 가꾸고 나무를 심게 했습니다.
땔감도 나무에서 *석탄으로 만든 *연탄으로 바뀌었습니다.
그 후 새마을 운동으로 조금씩 산이 푸르러지더니 물도 많아지고, 지금은 어느 곳에 가나 전 국토가 푸른 숲으로 둘러싸여 있습니다.

이 모습이 원래 우리나라의 산이었습니다.
이제 아름다운 우리나라 자연으로 여행을 떠나 보겠습니다.

1) 국립공원

국립공원은 규모가 크고 경관이 뛰어난 곳을 골라서 자연을 보호하고, 국민들이 쉴 수 있게 나라에서 정하고 관리하는 공원을 말합니다.

주로 산과 바다를 중심으로 총 20곳이 국립공원으로 지정되어 있습니다.
이 중에서 대표로 북한산 국립공원, 지리산 국립공원, 설악산 국립공원, 한라산 국립공원을 살펴보려고 합니다.

① 북한산 국립공원

이 공원은 서울의 북쪽에 있습니다. 이 산은 역사가 숨 쉬고 있습니다. 거슬러 올라가면 백제의 온조왕 때입니다. 온조는 그의 형 비류와 북악에 올라가서 *도읍을 정했습니다. 땅을 보기 위해 오른 산이 바로 오늘 소개하는 북한산 인수봉이었습니다.

북한산

낱말공부

***벌거숭이** : 흙이 드러나 보일 정도로 나무나 풀이 없는 산
***산사태** : 폭우나 지진, 화산 따위로 산 중턱의 바윗돌이나 흙이 갑자기 무너져 내리는 현상
***석탄** : 땅에서 캐낸 돌로 땔감의 원료
***연탄** : 석탄으로 만든 땔감
***도읍** : 그 나라의 수도를 정함

　조선 시대도 이 산에 올라 도읍을 정한 사람이 있었습니다. 무학 대사입니다. 그는 다른 봉우리에 올라서 한양(지금의 서울)을 도읍지로 정했는데 그 이름이 '국사봉'입니다. 다른 말로 '만경대'라고 합니다. 북한산에서 제일 높은 봉우리는 백운대로 *해발 836m이지요. 북한산은 백운대, 만경대, 인수봉 세 *정점으로 이루어져 있어서 삼각산이라고도 합니다.

　이 산은 화강암으로 이루어져 있습니다. 그래서 산세가 험하고 아름다운 산이랍니다. 이 산에는 *사찰도 많고 옛 흔적이 곳곳에 남아 있습니다. 조선 19대 숙종은 무려 8km에 달하는 성을 쌓았습니다. 이 국립공원이 서울 가까이에 있어 수도권에 사는 사람들이 자주 찾는 산이랍니다.

② 지리산 국립공원

　지리산 국립공원은 제일 먼저 국립공원으로 지정되었습니다.
　1967년 12월에 제1호로 정해졌으며, 다른 이름으로 '방장산'이라고도 하고 '두류산'이라고도 부릅니다.
　넓이가 넓어 경상남도, 전라북도와 전라남도에 걸쳐 있습니다.
　높이도 가장 높은 천왕봉은 해발 1,915m에 이르고 있습니다. 그 밑으로 반야봉, 토끼봉, 노고단을 거느리고 있는 산이랍니다. 산세가 *웅장해서 높은 산에서만 자라는 식물들이 많이 있습니다. 약으로 쓰는 식물도 많고 아주 아름다운 꽃도 볼 수 있는 산입니다.
　이 산에는 화엄사, 천은사, 연곡사, 쌍계사 등 *유서 깊은 사찰과 국보·보물 등의 문화재가 많아서 불교문화의 중심이었던 것을 확인할 수 있습니다.

③ 설악산 국립공원

우리나라는 북한에서부터 남한까지 내려오는 *산맥이 있는데 이 산맥이 태백산맥입니다. 설악산은 남한에 있는 태백산맥에서 가장 높은 산입니다. 설악산에서 가장 높은 대청봉은 해발 1,780m랍니다. 이 산은 *화강암으로 되어 있어요. 경치도 아름답고 뛰어나 금강산 다음으로 치는 산이랍니다.

설악산은 동해를 끼고 있어 동쪽을 외설악이라 하고 서쪽을 내설악이라고 부릅니다. 그리고 봄부터 등산객들이 몰려옵니다. 봄에는 철쭉의 아름다움을 보고, 여름에는 푸른 숲을 만끽하고, 가을에는 붉게 물든 단풍을 보고, 겨울에는 눈에 덮여 있는 아름다운 설산을 볼 수 있습니다.

주위에는 사찰도 많고 계곡물이 만든 아름다운 폭포와 빼어난 바위를 볼 수 있는 산이랍니다.

④ 한라산 국립공원

한라산은 제주도의 중앙에 우뚝 서 있는 *명산이랍니다. 이 산은 1,950m로 남한에서 제일 높은 산입니다. 한라산은 화산의 *분출로 생겨나 현무암으로 이루어진 산입니다. 꼭대기에는 *분화구가 막히고 빗물이 고여져서 만들어

낱말공부

*해발 : 해수면으로부터 계산하여 잰 육지나 산의 높이
*정점 : 맨 꼭대기가 되는 곳
*웅장 : 규모가 매우 큰
*유서 : 예로부터 전하여 내려오는 까닭과 내력
*산맥 : 산봉우리가 길게 연속 되어 있는 지형

*화강암 : 건물의 벽이나 비석에 쓰이는 옅은 회색을 띠는 돌
*사찰 : 불교의 스님들이 거주하는 절
*명산 : 경치가 아름답고 이름난 산
*분출 : 솟구쳐서 뿜어져 나옴
*분화구 : 화산에서 용암이나 가스가 뿜어져 나오는 구덩이

진 백록담이라는 호수가 있습니다. 한라산은 높이에 따라서 다 다른 모습을 가지고 있는 아름다운 산이랍니다.

2) 자연경관

눈을 먼 데로 돌려 넓게 우리나라를 살펴볼 차례입니다.

우리나라는 삼면이 바다로 둘러싸여 있습니다.

***내륙**에는 살펴본 것 같이 아름다운 산과 강, 그리고 그 안에 자리한 도시가 있습니다. 사람은 물이 있어야 살 수 있기 때문에 도시는 모두 강을 끼고 발달합니다. 서울은 한강을 끼고 크게 발달했습니다.
충청도에는 금강이 있고, 전라도에는 영산강, 경상도에는 낙동강이 흐릅니다. 이 네 강을 4대강이라고 부릅니다.

이번에는 바다를 살펴볼까요?
서해는 ***조수** 간만의 차가 심해서 갯벌이 발달했습니다.
갯벌은 물을 깨끗하게 해주고, 많은 바다 생물들의 ***안식처**가 되어 줍니다. 서해는 물이 흙색이어서 황해라고도 합니다. 서해안은 해안선이 꼬불꼬불하고 바다의 깊이가 얕습니다.

동해는 서해와 다르게 물이 아주 맑고 바닷물의 깊이가 아주 깊습니다.
바닷가에는 하얀 모래밭이 펼쳐져 있어서 여름에 해수욕하기 아주 좋습니다.

남해는 400여 개 정도로 섬이 많아서 다른 말로 '다도해'라고도 합니다. 이순신 장군이 활약한 바다가 바로 남해입니다.

우리나라는 아름다운 자연경관을 많이 가지고 있는 멋진 나라입니다.

도봉산

*내륙 : 바다에서 멀리 떨어져 있는 육지
*조수 : 밀물과 썰물
*안식처 : 편히 쉬는 곳

04 한국의 국보와 보물

　국보는 각 분류별로 보물의 가치가 있는 문화재 중에서 시대를 대표하거나 학술적·예술적 가치가 으뜸인 것을 지정한 것이며, '보물'은 유형문화재 중 역사적·예술적·학술적 가치가 커서 중요한 것을 국가가 법적으로 지정한 것을 말합니다.

　우리나라 국보 제1호는 1400년대에 지어진 숭례문(남대문)이고, 국보 제2호는 원각사지 10층 석탑, 3호는 북한산 진흥왕순수비입니다.

　국보의 가치만큼 시대를 대표하거나 독특한 것이 아니고, 역사적 인물과 관계가 없더라도, 일반적인 지정의 기준에 미치면 보물이 됩니다. 그래서 보물의 수는 국보보다 많습니다.

　보물 1호는 1800년대에 지어진 흥인지문(동대문)이고, 2호는 서울 보신각종, 3호는 대원각사비입니다.

　현재 우리나라에는 유형문화재로 국보 246건, 보물 974건, 사적 322건 등이 지정되어 있습니다.

1) 국보 1호 숭례문

조선 시대 서울 도성에는 4개의 큰 문이 있었는데 동쪽에는 동대문(흥인지문), 서쪽에는 서대문(돈의문), 남쪽에는 남대문(숭례문), 북쪽에는 북대문(숙정문)이 있습니다. 그중 서대문은 일제가 1915년 도로를 확장한다면서 헐어버려 4대문 중 현재는 남아있지 않습니다. 또 북대문인 숙정문은 나머지 문과는 달리 사람의 출입이 거의 없어 실질적인 성문 기능은 하지 않았다고 합니다.

숭례문은 1962년 12월 20일 국보 제1호로 지정되었습니다. 현존하는 서울의 목조건물 중 가장 오래된 건물로 임진왜란, 병자호란 때도 불타지 않고 600여 년의 세파를 견디어 온 건물이었는데, 2008년 2월 10일에 한 사람의

숭례문

잘못된 생각으로 발생한 화재로 2층 문루가 소실되고 1층 문루 일부가 불에 탔습니다. 다행히 홍예문과 석축은 남아 있어 2013년 완공을 목표로 복원 공사가 진행되고 있습니다.

남대문이라는 명칭은 방위를 표시하는 단순한 이름임에도 불구하고 지금은 한양 도성의 정문을 뜻할 정도로 고유명사처럼 굳어 버렸으나 원래는 '숭례문'이라고 불러야 합니다.

숭례문은 화강암으로 쌓은 기단 위에 건립되었는데 견고하고 아름다우며, 현존하는 우리나라 성문 중에서 가장 규모가 크다고 합니다.

숭례문의 현판은 세로로 쓰인 것이 특이한데 '양녕대군'이 친필로 쓴 것이라는 기록이 있다고 합니다.

숭례문 주위의 성벽은 일본이 을사늑약 후 시가지 확대 사업을 위해 파괴해 버렸다고 합니다.

이번 복원을 하면서 일제 강점기에 잘려버린 좌·우측 성곽을 복원하는 등 조선 시대 당시 모습에 더욱 가깝게 만든다고 하니, 시간이 더 걸리더라도 제대로 된 복원을 통하여 숭례문이 제 모습을 되찾게 되었으면 좋겠습니다.

2) 보물 1호 흥인지문

한양의 도성 4개의 문중 동쪽에 있는 문이 바로 보물 1호로 정해진 흥인지문, 즉 동대문으로 불리는 문입니다.

흥인지문은 1398년 조선 태조 때 완성하였지만, 지금 있는 문은 고종 6년에 새로 지은 것으로 조선 후기 건축 양식이 잘 나타나 있습니다.

화강암으로 쌓은 성곽 위에 아치형의 홍예문을 만들고, 그 위에 2층의 목조 문루를 세웠습니다. 지붕은 사다리꼴의 우진각 지붕이고 위층과 아래층 모두 겹처마로 되어 있습니다.

4개의 성문 중 유일하게 적을 방어하기 위한 옹성으로 둘러싸인 문이라고 합니다. 현재 흥인지문은 좌우의 성벽이 모두 헐려 도로 한가운데에 성문만 남아 있습니다.

흥인지문은 원래 흥인문이었는데 풍수지리에 따라 흥인문 앞의 편평한 땅의 기운을 보강하기 위해 지(之)자를 넣은 것이라고 합니다.

흥인지문

05 한국의 세계유산

우리나라는 문화 강국입니다. 오랜 역사를 가지고 있는 나라이기 때문에 조상들이 남긴 *유산이 아주 많습니다.

유네스코라는 곳에서는 세계 여러 나라의 유산을 지정해서 보호하고 *계승하려고 노력합니다.

문화유산, 자연유산, 무형유산, 기록유산 등을 지정합니다.

우리나라의 세계 문화유산은 해인사 장경판전, *종묘, 석굴암·불국사, 창덕궁, 수원화성, 고창·화순·강화 고인돌유적, 경주역사 유적지구, 조선왕릉, 하회마을과 양동 역사마을 등 9개가 지정되어 있습니다.

자연유산으로는 제주 화산섬과 용암 동굴이 등록되어 있습니다.

무형유산은 종묘제례 및 종묘제례악, 판소리, 강릉단오제, 강강술래, 남사당놀이, 영산재, 처용무, 제주 칠머리당굿, 가곡, 대목장, 매사냥, 줄타기, 택견, 한산모시짜기, 아리랑 등이 등록되어 있습니다.

 **낱말공부**

- *유산 : 앞 세대가 물려준 사물 또는 문화
- *계승 : 조상의 전통이나 문화유산, 업적 따위를 물려받아 이어 나감
- *종묘 : 조선 시대에, 역대 임금과 왕비의 위패를 모시던 왕실의 사당
- *추존 : 왕위에 오르지 못하고 죽은 이에게 임금의 칭호를 주던 일.
- *신주 : 죽은 사람의 위패
- *정전 : 왕이 나와서 조회(朝會)를 하던 궁전
- *태실 : 죽은 사람의 사진이나 지방(紙榜) 따위를 이른다.
- *협실 : 안방에 딸린 작은 방 (곁방)
- *목조건물 : 나무로 지은 건물
- *단청 : 옛날식 집의 벽, 기둥, 천장 따위에 여러 가지 빛깔로 그림이나 무늬를 그림

기록유산은 훈민정음, 조선왕조실록, 직지심체요절, 승정원일기, 조선왕조의궤, 해인사 대장경판 및 제경판, 동의보감, 일성록, 5.18 민주화 운동 기록 등 9개가 등록되어 있습니다.

이 많은 것을 다 볼 수 없어서 종묘와 수원 화성 그리고 조선왕조실록과 직지심체요절에 대해 살펴보려고 합니다.

1) 종묘

종묘는 조선 시대 역대의 왕과 왕비 및 *추존된 왕과 왕비의 *신주를 모시고 제사를 지냈던 곳으로 왕가의 사당이라고 할 수 있습니다.

고려를 무너뜨리고 새로운 나라 조선을 세운 이성계가 도읍을 한양으로 옮긴 뒤 가장 먼저 지은 건물이 바로 종묘입니다.

종묘

처음 지어졌을 때 *정전은 총 7칸 이었는데 신주를 모실 공간이 부족하게 되어 점점 늘려 지금은 신주를 모신 *태실 19칸과 양쪽 2칸씩의 *협실로 이루어져 있는 우리나라에서 가장 긴 *목조건물이랍니다.

정전은 한 번에 지은 것이 아니라 여러 번에 걸쳐 늘려 지어서 20개의 기둥 모양이 모두 같지 않습니다. 또한, 화려한 *단청과 장식을 찾아볼 수 없는 것이 특징입니다.

정전의 마당 가운데는 검은색 기와와 벽돌로 만든 길이 있는데 이 길을 신로라고 합니다. 신로는 죽은 왕과 왕비의 혼령만이 다니는 길로 왕도 다닐 수 없었다고 합니다.

조선은 제27대에 걸쳐 519년을 이어 온 긴 왕조이지만 종묘에 있는 왕의 *신위는 25위뿐입니다. 왕으로서 문제가 많다고 판단된 연산군과 광해군의 신위가 빠진 것입니다.

종묘도 세계문화유산이지만 종묘에서 치르는 제사인 종묘제례와 종묘제례악도 무형유산으로 등록되었습니다. 정말 자랑스럽죠?

2) 수원 화성

수원 화성은 정조가 아버지인 사도세자에 대한 그리움과 어머니인 혜경궁 홍씨를 위로하는 효심에서 아버지의 묘를 화성으로 옮기기로 하고, 그곳에 사는 사람들을 *이주할 장소를 마련하기 위한 도시를 건설하였습니다.

수원 화성

 **낱말공부**

* **신위**: 죽은 사람의 사진이나 지방(紙榜)
* **이주**: 본래 살던 집에서 다른 집으로 거처를 옮김
* **실학자**: 조선 중기에 실학사상을 주장한 사람
* **설계**: 계획을 세움
* **장비**: 장치와 설비
* **파괴**: 때려 부수거나 깨뜨려 헐어 버림
* **복원**: 원래대로 회복함

정조는 *실학자인 정약용에게 도시를 *설계하도록 하였습니다.

정약용은 모든 성곽과 주위의 모든 시설물을 지형을 최대한 활용하도록 설계하여 자연스럽고 편안한 느낌을 주도록 하였습니다. 그리고 도르래를 이용하여 무거운 돌을 쉽게 끌어 올릴 수 있도록 설계한 거중기, 짐을 실어 나르는 유형거 등 새로운 *장비와 기술을 도입하여 쉽고 빠르게 건설하도록 하였습니다. 또한, 처음으로 벽돌을 사용하여 화성을 더욱 아름답고 튼튼하게 쌓을 수 있었다고 합니다.

대부분 성은 정문이 모두 남쪽에 있는데, 화성은 북쪽에 있는 장안문이 정문이라고 합니다.

임금님이 사는 한양이 북쪽에 있어서 임금이 아버지의 무덤을 살피기 위해 올 때, 가장 먼저 들어오는 문이 북문이기 때문에 북문을 정문으로 정한 것이랍니다.

남쪽에는 팔달문이 있고 동쪽에는 창룡문, 서쪽에는 화서문이 있습니다.

화성 한가운데는 행궁이 있습니다. 행궁은 임금님이 궁궐을 떠나 지방에 머물 때 임시로 사용했던 궁궐입니다. 이 행궁은 정조 임금이 아버지의 무덤을 살피러 올 때 머물기 위해 지은 행궁으로 어머니 혜경궁 홍씨의 회갑 잔치를 베풀었던 곳이기도 합니다.

화성은 6·25전쟁 때 많은 부분이 *파괴가 되었지만, 화성 공사의 전 과정을 기록해 놓은 책(화성성역의궤)이 있어서 그대로 다시 *복원할 수 있었다고 합니다.

유네스코는 1997년에 수원 화성을 세계 문화유산으로 올렸습니다.

자랑스러운 우리의 문화유산입니다.

3) 조선왕조실록

이 기록은 세계 최장규모의 왕조를 실제로 적은 기록입니다.

무려 1,893권에다 888책으로 적혀있는 글자가 6,400만 자에 달합니다. *방대한 책이지요. 왕조실록은 1413년부터 시작합니다.

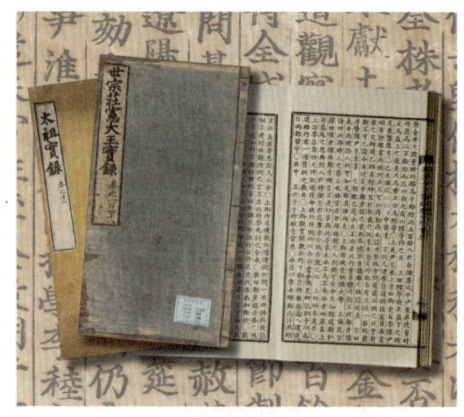

조선왕조실록

왕이 세상을 떠나면 그다음 왕 때 기록하게 했습니다. 조선왕조실록은 1865년 고종 때 완성되었습니다.

*실록은 실록청에서 맡아 여기에는 뛰어나게 글을 잘 쓰는 *대제학과 각 지방에서 선발된 관리가 기록했습니다.

조선왕조실록은 선대 왕 때 이루어진 정치를 기록했으므로 중요합니다. 좋은 일이던 나쁜 일이던 선대왕의 모든 것을 기록했기 때문에 아무나 볼 수 없었습니다. 심지어 왕도 기록을 볼 수가 없었습니다.

그래서 왕들은 자신에 대한 나쁜 평가가 없도록 자신의 행동에 더욱 조심하였습니다. 조선 왕조의 *폭군이라고 불리던 연산군도 '내가 두려워하는 것은 역사뿐이다.'라고 말할 정도로 신경을 썼다고 합니다.

 **낱말공부**

- *방대한 : 규모나 양이 매우 크거나 많다.
- *실록 : 사실을 있는 그대로 적은 기록.
- *대제학 : 조선 시대에 둔, 홍문관과 예문관의 으뜸 벼슬.
- *폭군 : 사납고 악한 임금
- *본성 : 사람이 본디부터 가진 성질
- *금속활자 : 납이나 구리 따위의 금속으로 만든 활자. 활판 인쇄에 쓴다.

여러 자료를 종합하여 쓰인 기록은 춘추관과 충주, 전주, 성주 등 네 곳에 있는 기록을 저장하는 곳에 보관했습니다. 하지만 임진왜란 때 다 불타서 없어지고 전주에 있는 기록만이 남아서 전해지고 있습니다.

조선왕조실록은 조선의 정치, 경제, 사회, 문화 등이 골고루 기록된 귀한 보물이랍니다.

4) 직지심체요절

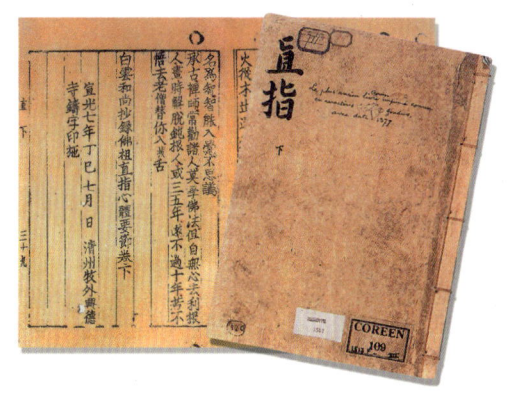

직지심체요절

직지심체요절은 '백운'이라는 호를 가진 '경한' 스님이 쓴 책입니다. 백운 스님은 부처와 먼저 살다 돌아가신 승려들의 말씀이나, 편지에 적힌 글을 뽑아서 이 책을 만들었습니다. 두 권으로 되어 있는데 상권은 없어지고 하권만이 남아서 전해지고 있습니다.

'직지심체'라는 말은 사람의 마음을 바로 보면 부처님의 *본성을 깨닫게 된다는 말이랍니다.

이 책이 중요한 이유는 세계 최초로 *금속활자로 인쇄된 책이기 때문입니다. 그전에는 독일의 구텐베르크가 세계 최초로 금속활자로 인쇄했다고 알고 있었습니다. 하지만 직지심체요절이 200년이나 더 빠르게 금속활자를 사용했다는 것이 밝혀졌습니다.

　직지심체요절은 지금은 우리나라에 없고, 프랑스 국립도서관에 보관되어 있습니다. 1886년 주한 대리공사로 있던 프랑스인이 우리나라의 옛날 책을 모아 프랑스로 가지고 갔습니다. 안타깝지요?

　지금 우리는 유네스코가 정한 세계유산 가운데, 네 가지만 알아보았습니다. 귀한 것을 알고 확인할 때 가치가 있습니다. 우리 것을 잘 *보존하고 널리 알릴 일들은 여러분이 나중에 해야 할 일이랍니다.

5) 한글과 세종대왕 문해상

　한글(훈민정음)은 지금으로부터 약 600년 전 조선 시대 4대 임금이셨던 세종대왕이 글을 몰라 고생하는 백성들을 불쌍하게 여겨 직접 만드신 글자로 마음만 먹으면 '한나절'만 배워도 깨우칠 수 있을 정도로 쉬운 글자입니다.
　일본의 글자는 외국어를 *표기할 때 외국어 발음과 너무 다르게 표현됩니다. 일본어로는 영어 '빌딩'을 '비루데잉구', '굿모닝'을 '굿드모닝구' '맥도널드'를 '마쿠도나루도' 맨 투 맨(man-to-man)을 '만츄만'으로 씁니다.
　이에 비해 우리 한글은 지구상의 어느 언어라도 정확하게 표현할 수 있는 아주 과학적인 글입니다.

　유네스코에서도 한글(훈민정음)의 *가치를 *인정하여 1997년에 세계 기록유산 으로 지정하여 보호하고 있을 정도로 자랑스러운 우리의 글입니다.
　또한, 유네스코에서는 이렇게 쉽고도 정확하게 표현할 수 있는 우리 한글의 우수성을 인정하여 개발도상국의 *문맹 퇴치에 *기여한 개인 또는 단체를 장려

하기 위해 대한민국 정부의 지원으로 1989년에 '세종대왕 문해상'을 제정하여 1990년부터 시상해오고 있습니다.

'세종대왕 문해상'은 세종대왕의 한글 창제 정신을 전 세계에 알리고, 글을 쓸 줄 모르는 나라나 지역에 글을 가르치는 데에 가장 공이 많은 개인이나 단체를 뽑아 매년 시상하는 문맹퇴치 공로상으로, 세계 문맹 퇴치의 날인 9월 8일에 수여합니다.

이렇게 세계인이 부러워하는 자랑스러운 한글을 우리는 너무 *푸대접하고 있습니다.

길거리 간판이나 옷의 상표 등 영어가 넘쳐 나고 있습니다.

세계인들이 부러워하는 우리의 자랑스러운 한글을 아끼고 사랑하는 마음을 가져야 하겠습니다.

훈민정음언해

 **낱말공부**

***보존** : 잘 보호하고 간수하여 남김
***표기** : 적어서 나타냄
***가치** : 사물이 지니고 있는 값어치
***인정** : 확실히 그렇다고 여김
***문맹 퇴치** : 배우지 못하여 글을 읽거나 쓸 줄 모르는 사람이 없도록 함
***기여** : 도움이 되도록 이바지함.
***푸대접** : 정성을 들이지 않고 아무렇게나 하는 대접

06 해결해야 할 문제들

여기서는 현재의 문제점에 대해 간략하게 알아보려고 합니다.

사람이 사는 세상엔 문제가 있기 마련이지요. 그 문제를 모두 늘어놓고 걱정만 한다고 해결되지는 않습니다. 가장 좋은 방법은 문제가 생기지 않도록 하는 것이고, 만약 문제가 생긴다면 해결하면 됩니다.

1) 저출산 문제

이 문제는 결혼한 부부들이 아기를 낳지 않기 때문입니다.
결혼은 해도 아기를 한 명도 안 가지거나, 한 명만 낳기 때문입니다.
두 사람이 결혼해서 아기를 한 명만 낳게 되면 어떻게 될까요?
나중에는 인구가 반으로 줄어들게 되겠지요?
아기를 낳지 않으면 언젠가는 국민이 하나도 없게 되어 대한민국이 없어지게 될지도 모릅니다.
그렇다면 왜 아기를 갖지 않는 것일까요?
첫 번째 이유는 결혼을 늦게 하기 때문입니다. 예전에는 20살 전에 결혼하고 아기를 가졌었어요. 하지만 요즘은 30살이 넘어 결혼하는 경우가 많으니 아기를 한 명만 낳아도 나이가 많아지게 되기 때문에 아기를 낳기 힘들어집니다.
두 번째 이유는 아기를 기르는데 너무 많은 돈이 들어가기 때문입니다. 둘이 열심히 벌어도 아이 공부시키고 뒷바라지하는 돈이 끝이 없습니다. 그래서 아기를 가질 마음을 쉽게 가지지 못하게 됩니다.
세 번째 이유는 결혼할 형편이 못 되기 때문입니다.

결혼은 살 집과 살림을 준비하는데 적지 않은 돈이 필요합니다.
그래서 결혼을 포기하는 사람이 점점 많아지고 있습니다.
아기를 적게 낳는 것은 아주 심각한 사회 문제랍니다. 꼭 해결하여 건강한 나라를 만들기 위해 힘써야 하겠습니다.

2) 인구의 고령화 문제

고령화란 나이 많은 사람들이 사회에 많이 있는 것을 말합니다.
이 문제는 우리나라만의 문제가 아니라 세계적인 문제이기도 합니다.
왜일까요?
사람들이 건강관리를 잘하고, 영양 상태가 좋아졌으며 의료기술이 발달해서 사람들이 더 오래 살게 되었기 때문이랍니다.

오래 산다는 것은 좋은 일이지만, 사회에 보탬이 되도록 해야 합니다.

나이를 많이 먹은 분들을 위한 직장이나 일을 할 장소가 많지 않습니다.

노후에 살아갈 자금도 없지요, 또 핵가족화되는 사회가 되니 보살펴 줄 사람도 없어요. 이러한 문제가 심각합니다.

우리의 문제로 저출산 문제와 고령화 문제를 살펴보았습니다.

이 외에도 문제가 많이 있습니다. 사람이 사는 세상인데 문제가 없을 수 없겠지요. 그러나 하나하나 해결하면 됩니다. 이보다 더 심각한 문제가 많았을 때도 헤쳐 나온 민족이잖아요.

문제만 늘어놓고 있을 수 없습니다. 앞으로 나가야 하겠습니다.

3) 전통문화와 윤리, 도덕 지키기

또 다른 문제점을 살펴볼까요?

지금까지 앞에서 살펴보았듯이 우리 선조들은 나라에 충성하고, 부모님께 효도하며, 형제간에 우애하고, 자연과 더불어 살아가는 것을 인간생활의 가장 기본적인 덕목으로 삼았습니다.

그러나 오늘날 우리의 생활 모습은 어떠합니까?

웃어른을 공경하며, 약한 사람을 보호하는 선비정신은 실종되고 지나치게 자신의 이익만을 좇기에 급급해하고 있습니다.

우리 전통 윤리와 도덕이 땅에 떨어지고 있습니다.

여러분!
이렇게 해 보세요.
오늘부터라도 부모님께 존댓말 쓰는 습관을 길러 보세요.
마음이 차분해지며 나 자신이 어른스러워짐을 느끼게 될 것입니다.
집에서 자신이 할 수 있는 일은 스스로 해 보세요.
가슴 뿌듯함을 느끼게 될 것입니다.
길거리에서 교통질서를 지켜보세요.
안전하고 편안함을 느낄 수 있습니다.

※참고 : 한국사 연표는 한 권으로 배우는 '한국의 역사와 문화' 수록 내용을 중심으로 정리하였습니다.

한국사 연표

연대	연도	활동사항
46억 년 전	46억 년 전	지구의 탄생
	70만 년 전	구석기 시대
	B.C 6000년 경	신석기 시대
	B.C 3500년 경	인류 최초의 청동기 문명 시작

※ **B.C**(기원 전)는 Before -Christ의 약어로 예수가 태어난 해를 '0'년으로하는 연대 구분법입니다.
예수가 태어나기 전 500년은 B.C 500년, 반면 예수가 태어난 후는 Anno-Domie의 약어 즉 **A.D**(기원 후) 로 나타냅니다.

연대	연도	활동사항
B.C 2333	B.C 2333	단군왕검, 고조선 건국
	B.C 2000~1500	한반도에 청동기 문화 시작
	B.C 1000년경	철기의 보급
	B.C 194	위만이 준왕을 몰아내고 고조선의 왕이 됨
	B.C 108	한 나라 침략으로 고조선 멸망
		한사군 설치
기원 후 100	194	고구려, 태조왕 때 중앙 집권 국가로 발전
	260	백제, 고이왕 때 중앙 집권 국가로 성장
	384	백제, 불교 전래 받음.
	5C	고구려, 광개토대왕과 장수왕 시대에 전성기
	433	고구려의 남하에 대비하여 나·제 동맹 체결

한국사 연표

연대	연도	활동사항
	503	신라 전성기-'신라'를 국호로 정함.
	612	고구려, 살수대첩(을지문덕)
	660	백제, 나·당 연합군에 의해 멸망
	668	고구려, 나·당 연합군에 의해 멸망
	676	신라, 당나라 몰아내고, 삼국 통일
	698	대조영, 발해 건국
	751	신라, 불국사와 석굴암 세움.
	828	신라, 장보고 청해진 설치
	900	견훤, 후백제 건국
	901	궁예, 후고구려 건국
	918	왕건, 고려 건국
	926	거란에 의해 발해 멸망
	935	신라가 고려에 병합
	936	고려, 후백제를 멸망시키고 통일 국가가 됨
	993	거란의 1차 침입. 서희의 담판으로 해결
1000	1010	거란 2차 침입 (양규 물리침)
	1019	거란의 3차 침입 (강감찬의 귀주 대첩)
	1087	초조대장경 완성
	1107	윤관 여진족 토벌(별무반), 동북 9성을 쌓음
	1231	몽고의 침입으로 이후 40년간 전쟁을 치름
	1270	무신 정권 붕괴되며 몽고에 항복(강화도에서 개경으로 환도)

한국사 연표

연대	연도	활동사항
	1273	삼별초의 항쟁 – 제주도에서 전멸.
	1388	이성계, 위화도 회군
	1392	고려 멸망, 조선 건국
	1446	세종, 훈민정음 반포
	1592	임진왜란
	1598	왜군의 철수로 왜란 종결
	1636	병자호란
	1725	영조, 탕평책 실시
	1861	김정호, 대동여지도 간행
	1863	고종 즉위. (흥선 대원군의 집권 시작)
	1871	미국과의 전쟁(신미양요) 척화비 건립
	1876	일본과 강화도 조약 체결 1차 수신사 파견
	1885	배재 학당 설립. 광혜원(서양식 병원) 설립 영국, 거문도 불법 점령
	1894	동학 농민 운동. 청·일 전쟁 갑오 개혁 추진
	1895	명성황후 시해 (을미사변) 을미의병. 을미개혁.
	1896	아관파천 독립 신문 발간. 독립 협회 설립
	1897	대한 제국 수립 광무 개혁 추진
	1899	대한제국 반포. 최초의 철도(경인선) 개통. 경복궁에 전등 설치
	1904	러·일 전쟁 발발. 한·일 협약 체결
	1905	경부선 개통. 을사조약 체결, 을사의병

한국사 연표

연대	연도	활동사항
	1907	헤이그 특사 파견. 고종 황제 퇴위
	1909	안중근, 이토 히로부미 사살
	1910	한·일 병합(조선 총독부 설치)
	1914	한 광복군 정부 수립
	1919	3·1 운동 대한 민국 임시 정부 수립
	1945	8·15 광복
	1948	유엔 감시하에 남한 총선거 실시. 대한 민국 정부 수립
1950	1950	6·25 전쟁 발발 중국군, 한국전 개입
	1953	6·25 전쟁 휴전 협정 조인
1960	1960	4·19 혁명 발발
	1961	5·16 군사 정변
	1979	박정희 대통령 피격 사망(10·26 사태)
1980	1980	5·18 민주화 운동 전두환 정부 수립
	1987	6월 민주 항쟁 6·29 민주화 선언
1990	1991	유엔 총회, 남북한 유엔 가입안 만장일치 통과
	1992	중국과 국교 수립 김영삼 정부 출범
	1997	IMF 사태
	1998	김대중 정부 출범

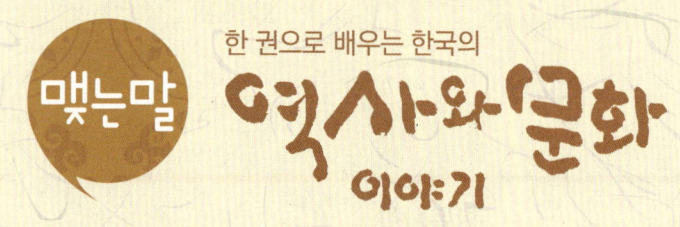

우리나라는 오천 년의 찬란히 빛나는 오랜 역사가 있습니다.

지금까지 한국의 역사와 한국의 문화를 살펴보며, 여러분은 어둡고 희미했던 우리나라를 밝게 볼 수 있는 위치에 와 있습니다.

'아는 것이 힘'이라고 했습니다. 아는 만큼 대한민국을 위해 할 일을 찾아야 합니다.

뿌리가 없으면 나무는 살 수가 없습니다.

여러분의 뿌리는 대한민국이랍니다.

앞으로 끊임없이 발전하고 세계를 품에 안기 위해 우리는 계속 성장해야 하고 시야도 넓혀 나가야 하겠습니다.

여러분!

작은 것을 탐하다가 큰 것을 잃는(小貪大失 - 소탐대실) 어리석음을 범하지 말고, 나보다는 우리를 생각하는 열린 사고를 통해 큰 꿈을 키워나가도록 하세요.

'호랑이는 죽어서 가죽을 남기고 사람은 죽어서 이름을 남긴다.'는 옛말이 있습니다. (虎死留皮人死留名 - 호사유피 인사유명)

모든 일에 온 힘을 다하여 역사에 길이 빛날 이름을 남기도록 항상 노력하세요. 여러분의 조국, 대한민국의 미래가 여러분의 손에 달려 있습니다.

여러분! 결심하세요. 그리고 다짐하세요. 대한민국을 위해 있는 힘껏 앞으로 나서겠다고!

여러분! 건강하세요. 그리고 행복하시길 빌겠습니다.

2015년 9월 저자 씀

부록 : 독서 길잡이 및 예상문제

한 권으로 배우는 한국의
역사와 문화 이야기

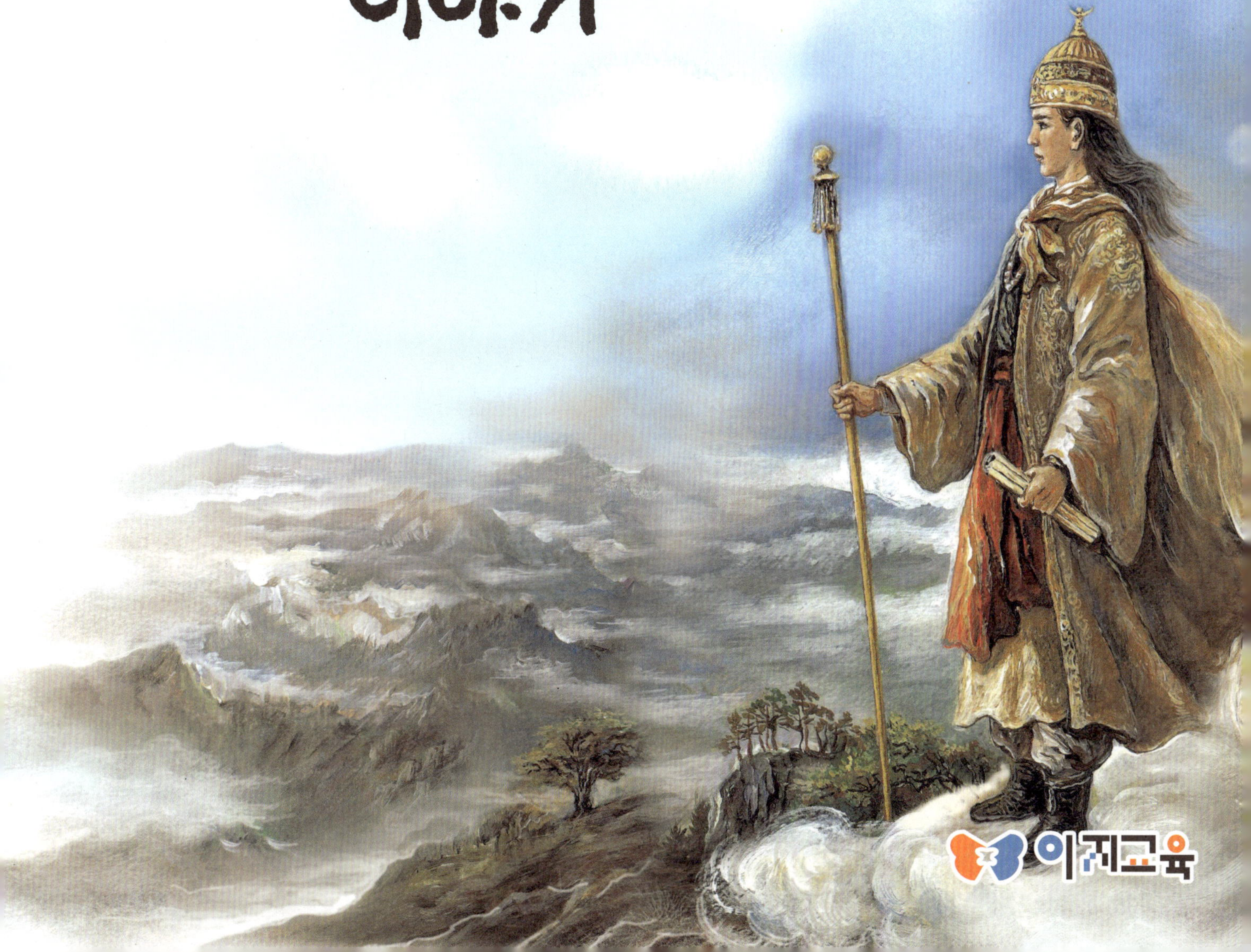

독서 길잡이 _3

문제 _21

정답 _43

독서 길잡이

한 권으로 배우는 한국의
역사와 문화 이야기

한 권으로 배우는 한국의
역사와 문화 이야기

차 례

들어가기 _5

1. 독서란 무엇인가? _6

2. 독서의 목적은 무엇인가? _7

3. 독서 할 때 주의할 점은 무엇인가? _8

   1) 책을 선정할 때 _8

   2) 책을 읽을 때 _8

   3) 책을 읽은 다음에 _9

   4) 일기 쓰기, 독후감 쓰기, 독서 논술 써 보기 _10

4. 독서를 어떻게 할 것인가? _11

   1) 이해의 독서 – 시험공부 하기 _11

   2) 감상의 독서 – 나무를 심는 노인, 이해의 선물 _11

   3) 비판의 독서 – 알렉산더, 컬럼버스 _14

   4) 창조의 독서 – 개미와 베짱이 _17

5. 독서 하기의 예 _18

들어가기

여러분!
태어나서 처음 글을 배우게 되면, 집에서 벽지나 종이에 낙서하는 단계를 거쳐 T.V 자막을 읽고, 엄마랑 같이 길거리 다닐 때 간판을 읽는데 재미를 붙이는 단계를 거치며, 서점에 들르게 되면 여러 가지 책들을 사달라고 조르기도 합니다.

이런 단계를 거쳐 서서히 책에 대해 관심을 가지게 되며, 책을 뒤적이며 읽는 사이에 지식을 차곡차곡 쌓아나가게 됩니다.

책은 오랜 세월에 걸쳐 수많은 사람들이 연구한 문학, 과학, 의학, 예술, 기술 등의 많은 정보가 담겨있는 보물창고입니다.
이처럼 많은 사람들이 고생하며 연구한 지식을 편안하게 독서를 통해 한순간에 얻을 수 있으니 여러분은 참 행운아입니다.

다음 사항을 생각하며 독서 한다면 독서의 흥미를 높일 수 있음은 물론, 보다 효과적으로 이해할 수 있으므로 학습 능력 향상에도 크게 도움이 될 것입니다.

1. 독서란 무엇인가?

'작가와 독자의 만남'

책에는 글쓴이의 지식이나 경험, 생각이 나타나 있습니다.
독자는 책을 읽으며 작가의 생각이나 경험을 느끼고 해석하며 감동을 받기도 합니다. 그래서 독서를 '작가와 독자의 만남'이라고도 합니다.

책을 읽는다는 것은 단순히 글을 읽는 것이 아니고 글의 이해를 통해 인격을 수양하고, 지식과 정보를 얻으며, 정서를 함양하고, 내용을 학습하는 것입니다.
또, 책을 읽는 과정을 통해 생각의 폭을 넓히고, 쓰기까지 완성할 수 있게 되므로 더욱 풍요로운 언어생활을 할 수 있는 밑바탕이 되는 것입니다.

사람이 짧은 시간에 많은 일을 연구하거나 경험하는 데는 한계가 있습니다.
그래서 독서를 통해 다른 사람의 연구 결과와 경험을 간접적으로나마 얻을 수 있는 것입니다.

또한, 성장기의 좋은 책 읽기를 통해 독자는 인생관을 형성하기도 하고, 독자의 인생을 바꾸기도 합니다.

2. 독서의 목적은 무엇인가?

여러분!

여러분은 왜 책을 읽어야 한다고 생각하나요?

인간은 문자를 만들어 사용하면서부터 독서를 통해 지식과 정보를 얻고, 과학과 문명을 발전시켜 왔습니다. 어린 시절에 책을 많이 읽는 것은 상상력과 창의력을 기르는 데 크게 도움이 되며, 자아를 형성하는 밑거름이 됩니다.

우리는 책을 통해서 지식과 학문을 닦습니다. 우리는 책을 읽음으로써 새로운 사실을 깨닫게 되고, 미지의 세계에 대해 꿈의 나래를 펴게 됩니다. 그래서 책은 새로운 것들을 가르쳐 주는 정다운 벗도 되고, 스승도 되는 것입니다.

독서를 통해 우리의 마음을 닦고, 무게 있고 깊이 있는 사람으로 가꾸어 나가는 일이 곧 책을 읽는 목적이 됩니다.

책을 읽는 사이에 나도 모르게 교양도 얻고 수양도 쌓게 되는 것이지요.

일반적으로 **독서의 목적**은 다음과 같습니다.

첫째, 학생일 때는 교과학습을 위해서 독서를 하게 됩니다.

둘째, 알지 못한 것들을 개척하기 위한 연구를 위해서 책을 읽습니다.

셋째, 사회생활을 위한 생활정보와 수단을 얻기 위해서 책을 읽습니다.

넷째, 즐겁고 행복한 여가 생활을 위하여 읽습니다.

다섯째, 사고능력 향상을 위하여 읽습니다.

여섯째, 자신의 품위 있는 인생을 위한 교양을 쌓기 위해서 읽습니다.

이 외에도 독서를 하는 목적은 많을 것입니다.

여러분이 독서를 하는 목적은 무엇인지 생각해 보세요.

3. 독서 할 때 주의할 점은 무엇인가?

1) 책을 선정할 때

대부분의 사람들은 책을 무작정 선정하지는 않습니다.

신문이나 잡지 등의 광고를 통해 독서에 대한 정보를 얻거나 부모님이나 선생님, 또는 친구들의 권유로 서점에서 책을 구입하게 됩니다.

이 경우에 자신이 읽고자 하는 책의 기본정보를 조사한 다음에 선정하는 것이 현명한 도서 구입 방법입니다.

※ 책을 선정할 때 주의사항을 먼저 알아볼까요?

(1) 먼저 제목을 봅니다.
(2) 평소에 관심이 있거나 알아보고 싶은 내용의 책을 고릅니다.
(3) 책을 펴고 목차를 살펴보며 책의 내용을 추정해 봅니다.
(4) 저자와 저자의 약력을 살펴봅니다.
(5) 자기 능력에 맞는 책을 선정합니다.

2) 책을 읽을 때

책을 읽는 방법에는 낭독, 정독, 다독, 속독, 발췌독 등 여러 가지가 있습니다.
어린아이가 처음 글을 배울 때 크게 소리 내어 읽는 것을 낭독이라고 합니다.
그런가 하면 머릿속으로 뜻을 생각해 가면서 읽는 독서법을 정독이라고 합니다.

여기에서는 독서법 중에서도 책의 내용을 파악하는데 효과적인 정독에 대해서 먼저 알아보겠습니다.

정독이란 '내용을 파악해 가며 자세히 읽는 것'을 말합니다.

정독은 빠르게 대충 읽는 속독이나 다독보다 내용을 구체적으로 생각해 가며 천천히 정리하며 읽으므로, 읽은 내용을 정확하게 이해할 수 있고, 또 오랫동안 기억할 수 있습니다.

글쓰기의 기본이 되는 독서는 무엇보다 '꼼꼼히 읽는다'는 것입니다.

※ 책을 읽을 때 주의사항

(1) 머리말이나 서문이 있으면 반드시 한 번쯤 훑어보기를 합니다. 머리말이나 서문에는 필자가 글을 쓰게 된 배경이나 목적, 글의 주요 내용 등이 잘 제시되어 있기 때문입니다. 핵심 내용을 이해하기 위해서는 용어의 개념이나 맥락을 이해해야 합니다.

(2) 처음에는 천천히 읽으며, 좋은 문구는 메모하거나 밑줄을 쳐 둡니다.

(3) 모르는 낱말에는 동그라미 치고, 이해가 가지 않는 문장은 천천히 반복해서 읽고, 전체 문장의 흐름을 생각하며 뜻을 찾아봅니다.

(4) 관련 숫자나 인물, 배경, 사건, 시대, 문화 등을 살펴보며 이해가 안 되는 부분은 백과사전 등을 찾아 확인해 봅니다.

3) 책을 읽은 다음에

자신이 선정한 책을 다 읽은 다음에는 반드시 책을 읽을 때 느꼈던 **감동이나 느낌을 정리해 보는 습관**이 중요합니다.

(1) 전체 글을 머릿속에 정리해 봅니다.
(2) 글을 요약해 봅니다.
(3) 주제를 요약해 봅니다.
(4) 핵심어를 중심으로 두, 세 줄로 요약해 봅니다.

(5) 독서를 통해 얻은 내용을 마음속에 새겨 둡니다.
(6) 부모님이나 친구들과 감상에 관해 얘기해 봅니다.

4) 일기 쓰기, 독후감 쓰기, 독서 논술 써 보기

가) 일기 쓰기

읽은 책의 내용 중에서 기억에 남는 문장이나 내용을 일기에 인용해 써 봅니다.
(예: '갈매기의 꿈'이라는 책에 나오는 '높이 나는 새가 멀리 봅니다.')
유명한 말로 많이들 인용하여 쓰는 구절이랍니다.

나) 독후감 쓰기

책을 읽으며 받은 감동이나 느낌을 글로 표현해 봅니다.
처음에는 형식에 얽매이지 말고 자신이 느낀 감정을 솔직히 있는 그대로 표현해 봅니다.

다) 독서 논술 쓰기

책 읽기를 통해 언어 실력이 발달한 단계에서는 독후감보다는 길게 등장 인물, 사건, 배경 등을 바탕으로 자신이 가진 지식과 비교해 가며 논리적으로 글을 써 봅니다.
이때, 발전단계로 신문의 사설이나 칼럼 등을 읽고 비교해가며 쓴다면, 독서력이나 학습능력이 몰라보게 향상될 것입니다.

tip : 책을 다 읽은 후에는 줄거리를 한 번 요약해 보고, 간단한 독후감을 써 보는 것이 필요합니다. 그래야 머릿속에 책의 내용이 완전히 새겨질 테니까요.

4. 독서를 어떻게 할 것인가? (목적에 따른 독서방법)

독서 할 때 목적과 기준에 따라 독서 방법도 달라집니다.
독서 하는 목적에 따라 구분하면 다음과 같습니다.

가) 이해의 독서 (시험공부하기)

시험에서 좋은 성적을 얻기 위해서는 꼼꼼히 살펴가며 읽어야겠지요?
중요한 부분에 밑줄을 그으며 주제를 잡고, 낱말 뜻을 알아보고 분석하는 방법의 독서를 말합니다.

나) 감상의 독서 (나무를 심는 노인, 이해의 선물)

작품의 줄거리나 표현의 재미를 맛보며 읽는 방법을 말합니다. 좋은 문학작품을 읽은 독자는 "나도 글을 써 보고 싶다."는 충동을 느끼게 되며, 작가로서 꿈을 키워 나갈 수 있게 됩니다.

 **나무를 심는 노인**

'나무를 심는 노인'이라는 책을 보셨나요?

이 책은 한 젊은이가 폐허처럼 보이는 마을에서 양치기 노인을 만나면서부터 생기는 신비스럽고, 아름다운 이야기입니다.
묵묵히 하는 일이 자신을 위한 것이 아니라 남을 위한 마음으로 시작한 나무 심기라는 소박하고 자그마한 실천에서 시작되어, 마지막에는 위대한 결과를 낳는다는 것을 보여준 감동적인 소설입니다.

이 책은 한 사람의 올바른 행동이 다른 사람에게 희망이 될 수 있다는 것을 깨닫게 해줍니다. 아무것도 피어나지 않을 것 같은 황무지에서도 인간의 노력만 있다면 꽃이 피고, 울창한 숲이 될 수도 있다는 것을 이 책은 보여 주고 있습니다.

영화로도 만들어진 이 소설을 본 캐나다 국민은 전국적으로 나무 심기 운동을 벌여 2억 5천만 그루의 나무를 심었다고 합니다.

이처럼 책은 독자로 하여금 넓은 세상으로 안내하는 안내자 역할도 하고, 독자들의 세상 보는 눈을 트이게도 해 주며, 가치관을 형성하는데 길잡이가 되기도 합니다.

 **이해의 선물**

'폴 빌라드'라는 작가가 쓴 '이해의 선물'이라는 작품을 예로 들어 볼까요?

돈의 가치를 몰랐던 4살 때 엄마를 따라 사탕가게에 들러서 사탕을 사는 모습을 본 주인공은 '거래는 이렇게 하는구나!' 하고 자기도 한번 따라 해보려고 했습니다.

혼자서 먼 거리에 있는 위그든씨의 사탕가게에서 주인공이 사탕값으로 지불한 것은 버찌 씨 6개!

"돈이 모자라나요?" 하는 주인공의 질문에 어린아이의 순수함을 지켜주고 싶었던 위그든씨는 "아니 조금 남는걸!" 하며 동전 2센트를 거슬러주었습니다

　어른이 된 주인공이 결혼해서 열대어 가게를 하고 있을 때, 어린 두 남매가 가게로 찾아와서, 비싼 열대어를 많이 사고는 동생이 5센트 동전 2개와 10센트짜리 동전 1개를 내며 "돈이 모자라나요?" 하는 질문에 위그든씨가 그랬던 것처럼 주인공도 "아니 좀 남는걸!" 하며 동전을 거슬러 줍니다.

　남편으로부터 과거의 얘기를 전해 들은 아내는 남편의 행동을 이해하며, 남편의 볼에 입을 맞춥니다.
　독자들은 문학작품을 통해 따뜻한 감정을 전해 받을 수 있으며, 이러한 따뜻함이 세상을 아름답게 하는 것입니다.

　참고로 문학작품의 특성은 '돌려 말하기'와 '생략'이라고 할 수 있습니다.
　돌려 말하기란 말하고자 하는 것을 독자의 흥미를 끌기 위해, 직접 표현하지 않고 다른 일이나 사물에 빗대어 표현하는 방법입니다.

　예를 들자면 개미와 배짱이 이야기를 통해서 게으름뱅이 베짱이와 부지런한 개미 이야기를 통해 '맡은 일을 열심히 해야 한다.'는 표현이 돌려 말하기에 해당합니다.

다) 비판의 독서 (알렉산더 대왕과 콜럼버스에 관한 이야기)

독서를 하면서 주제와 등장인물의 관계와 논리적으로 원인과 결과를 따지며 비판적으로 읽는 독서방법은 논리적 사고력의 형성에 도움이 됩니다.

비판의 독서 (예1) 알렉산더 대왕의 매듭 풀기

굉장히 어려운 문제나 일을 '고르디우스의 매듭'이라고 합니다.

기원전 334년 마케도니아의 알렉산더 대왕이 마케도니아, 그리스 연합군을 이끌고 동방 원정길에 올라 소아시아의 중앙에 있는 '골디온'이라는 도시에 들어섰습니다.

이 도시의 제우스 신전 기둥에는 '고르디우스'라는 신이 제우스 신에게 바친 전차가 노끈으로 단단히 묶여있었는데 '이 매듭을 푸는 사람이 아시아를 지배한다'는 전설이 내려오고 있었습니다. 그러나 이 매듭은 너무 절묘하게 묶여있었기 때문에 아무도 풀지를 못했습니다.

이 이야기를 들은 알렉산더는 신전으로 가서, 허리에 찬 칼을 뽑아들고 단칼에 그 매듭을 베어 버렸고, 그 후 그는 아시아의 지배자가 되었습니다.

그러나 알렉산더는 예기치 않게 말라리아에 걸려 32세의 나이로 죽고 말았습니다.
'이 매듭을 푸는 사람이 아시아를 지배한다'고 하였으나, 알렉산더는 고르디우스의 매듭을 잘랐기 때문에 아시아의 정복자가 될 수는 있었지만, 잘라 버린 매듭처럼 그의 제국도 그가 죽은 후 조각조각 잘려나갔던 것입니다.

'푸는 것'과 '끊는 것'의 차이를 생각해 가며 읽는다면 더욱 깊이 있는 독서를 했다고 할 수 있겠지요.

이런 문제를 생각해 볼까요?

창의적 사고 1)
　알렉산더는 이전에 누구도 풀지 못했던 매듭을 풀었다. 그래서 그 지역에 전해 내려오는 전설대로 그는 아시아를 지배하게 되었다.

창의적 사고 2)
　그것은 매듭을 푼 것이 아니고 단순히 잘랐을 뿐이다.
　'고르디우스'는 매듭을 풀기를 요구했지만, 그는 그것을 칼로 끊었으므로 매듭을 푼 것이 아니다.

여러분의 의견은 어떠한가요?

　만약 알렉산더가 매듭을 풀기 위해 조금만 더 깊이 생각하고 시간을 끌었다면 열병에 걸리지 않았을 것입니다. 알렉산더의 조급한 상상력이 오히려 화를 불러일으켰다고 생각할 수도 있겠지요?

　이렇게 독서를 통해 여러 가지 다양한 해석 방법과 깊이 생각하는 지혜를 얻을 수 있습니다.
　우리는 이 이야기를 통해 '자기 생각만으로 다른 것을 평가하는 일에 신중해야 한다.'는 교훈을 얻을 수 있습니다.

콜럼버스의 달걀 이야기 - 달걀을 세운 콜럼버스.

　신대륙 탐험에 성공하고 돌아온 콜럼버스의 이름이 높아지자, 그것을 시기하는 사람들이 생겨났습니다. 어느 날 파티에서 한 사람이 일어나서 말했습니다.

　"대서양을 건너 새로운 땅을 발견하는 것은 누구나 할 수 있는 일이 아닐까요?"
　콜럼버스의 업적을 시기하는 사람의 말에 화가 난 콜럼버스는 탁자 위에 놓은 달걀을 집어들고는 말했습니다.

　"여러분 중에 누가 이 달걀을 탁자 위에 세울 수 있습니까?"
　콜럼버스의 제안에 자리에 있던 많은 사람들이 달걀을 세우려고 노력했으나 모두 실패였습니다.

　"못하십니까? 그럼 제가 세워 보겠습니다."
　말을 끝낸 콜럼버스는 달걀 끝을 탁자에 톡톡 쳐서 깨뜨린 다음 달걀을 세웠습니다.

　"이렇게 남이 하고 난 다음에는 쉽습니다. 그러나 처음으로 하기는 쉽지 않은 것입니다. 이제 대답이 되겠습니까?"

　콜럼버스가 빙그레 웃으면서 조용히 의자에 앉았습니다. 이제는 아무도 그를 우습게 보지 않았습니다. 모든 일은 이렇게 상황에 따른 발상의 전환이 필요한 것입니다.

　위에서 공부한 내용을 어른들은 '발상의 전환'이라며 많이 인용하기도 합니다.
　독서를 통해 다양하고 폭넓은 사고를 갖도록 노력해 보세요.

4) 창조의 독서 (개미와 베짱이)

비판의 독서 연장선에서 이뤄지는 것입니다. 작품을 읽으면서 또 하나의 이야기를 만들어 나가는 독서방법을 말합니다.

창조의 독서 방식으로 읽으면 상상력이 풍부해지며, 독자가 직접 작품을 쓰는 데에는 매우 좋은 방법입니다.

개미와 베짱이의 다른 해석

개미와 베짱이 이야기를 읽어 보았나요?

이야기 중에서 노래 부르고 놀기만 하는 베짱이와 뙤약볕 아래서 일만 하는 개미에 대한 여러분의 생각은 어떤가요?

게으름뱅이 베짱이와 부지런한 개미에 대한 독자들의 판단도 엇갈릴 수가 있답니다. 독자들의 생각을 정리해 볼까요?

첫째 "게으름뱅이 베짱이는 나쁘고 부지런한 개미를 본받아야 한다."
둘째 "어려움에 처한 베짱이를 도와야 한다."
셋째 "베짱이는 한여름밖에 살지 못하는데 겨울을 맞을 수 없으므로 이야기가 잘 못 됐다."

위 이야기에서 '셋째 이야기'의 발상이 재미있지 않나요?
이렇게 같은 이야기를 읽고도 독자에 따라 느낌이 전혀 다를 수도 있답니다.

누구나 할 수 있는 일반적인 해석보다는 조금은 엉뚱하게 해석해 보는 것은 어떨까요?

창조적 독서란 글자의 해석에만 매달리지 않고, 문맥의 흐름을 봐 가면서 다양하게 해석하여 의미를 찾아보는 일입니다.

5. 독서하기의 예

〈 도서명 〉 한 권으로 배우는 한국의 역사와 문화 이야기,
〈 글쓴이 〉 이길재, 박용희
〈 그 림 〉 이 남구
〈 펴낸곳 〉 이지교육, 2012
〈 역사와 문화 영역 〉 나라가 세워지고 또 멸망하기까지 어떤 일들이 있었는지 그 과정을 보면서 읽습니다.

〈1단계〉 시대별로 나라가 어떻게 세워졌는지 살펴보세요.
　　- 누가 어떤 나라를 세웠는지 알아봅니다.
　　- 나라가 세워질 때 어떤 설화가 있었는지 알아봅니다.
　　- 도읍을 어디에 정했는지 알아봅니다.

〈2단계〉 그 시대에 있었던 사건을 살펴보아요.
　　- 그 시대에 어떤 일이 있었는지 알아봅니다.

- 그 일의 결과가 어떻게 되었는지 알아봅니다.
- 그 일로 어떤 영향을 끼쳤는지 알아봅니다.

〈3단계〉 어떤 인물이 등장하는지 살펴보아요.
- 등장인물의 업적이 무엇인지 알아봅니다.
- 만약 내가 그런 상황에 놓이면 어떻게 했을까를 생각해봅니다.
- 본받을 점이 무엇인지 알아봅니다.

〈4단계〉 줄거리를 정리해 보아요.
- 무슨 이야기인지 줄거리를 써보고 토론해 봅니다.

〈다시 살펴보기〉 모르는 낱말은 낱말공부를 읽어보아요.
- 이해가 빠르고, 어휘력 향상에 도움이 됩니다.

※ 역사공부는 순서(연대기)별로 건국과정, 시조, 중요사건, 중요인물 등을 살펴보면서 읽으면 쉽게 이해되고 재미있답니다.
여러분이 세상을 보는 눈이 밝아지며, 지혜를 얻을 수 있을 것입니다.

한 권으로 배우는 한국의
역사와 문화 이야기

문제

역사편

(역사) 머리말

01 교재의 머리말에서 '역사'란 무엇이라고 정의하였나요?

(   )

(역사) 첫 번째 이야기 – 우리 민족 최초의 국가 고조선

02 신석기 시대의 생활모습으로 알맞지 <u>않은</u> 것은 어느 것인가요? (   )

① 움집을 짓고 살았다.
② 돌을 갈고 다듬어 만든 도구를 사용하였다.
③ 농사를 짓기 시작하였다.
④ 먹을 것을 찾아 옮겨 다니며 살았다.
⑤ 나무껍질에서 실을 뽑아 옷을 만들어 입었다.

03 우리 역사상의 최초의 나라 고조선은 무슨 문화를 바탕으로 발전하였나요? (   )

① 구석기 문화　　　　　　② 신석기 문화
③ 청동기 문화　　　　　　④ 철기 문화
⑤ 뗀석기 문화

04 고조선이 청동기 문화를 바탕으로 이루어졌음을 알 수 있는 것은 무엇인가요?
( )

① 지위가 높은 사람들이 죽으면 고인돌이라는 무덤을 만들었다.
② 반달모양의 돌칼을 이용하여 곡식을 수확하였다.
③ 지배자와 지배를 받는 사람으로 나누어졌다.
④ 한반도 북쪽 지역에서 비파형 동검, 고인돌, 민무늬 토기가 많이 발견되었다.
⑤ 지배 계급이 하늘에 제사를 지냈다.

05 ㉠홍익인간의 뜻은 무엇인지 써 보세요.

환웅은 ㉠홍익인간 정신의 큰 뜻을 가지고 인간 세상에 내려가고 싶어 하였습니다.

( )

06 다음은 고조선의 8조 금법 중 일부입니다. 이 내용으로 짐작할 수 있는 고조선 사회의 모습을 세 가지 고르세요. (, ,)

남의 물건을 훔친 자는 노예로 삼는다. 그 죄를 면하기 위해서는 50만 전을 내놓아야 한다.

① 사유재산이 있었다.   ② 화폐(돈)를 사용하였다.
③ 농경 사회였다.   ④ 질서가 매우 엄격하였다.
⑤ 신분의 차이가 있는 계급 사회였다.

07 〈삼국유사〉에 나온 단군왕검 이야기를 통해 알 수 있는 점은 무엇인가요? 두 가지 고르세요. (,   )

① 고조선을 우리나라에 세워진 최초의 국가로 여겼다.
② 인간이 처음에는 하늘에서 살았다.
③ 고조선을 세운 사람이 단군왕검이라고 생각해 왔다.
④ 옛날에는 곰이 사람이 될 수 있었다.
⑤ 고조선은 신분의 차이가 없는 평등한 사회이다.

(역사) 두 번째 이야기_ 세 나라로 나누어졌어요.

08 오른쪽 비석의 왕이 이룬 업적으로 알맞지 않은 것은 어느 것인가요? (   )

① 백제를 공격하여 한강 이북을 점령하였다.
② 신라를 도와 왜구를 몰아냈다.
③ 대가야를 정복하였다.
④ 요동지역까지 영토를 크게 넓혔다.
⑤ 만주지역까지 영토를 크게 넓혔다.

09 을지문덕 장군이 수나라 장수에게 보낸 이 시의 제목은 무엇인가요?

> 귀신같은 그대의 전술은 하늘에 닿았고
> 절묘한 책략은 땅에 통달하였소.
> 전쟁에 승리한 공이 이미 드높으니
> 만족함을 알고 인제 그만 그치기를 바라노라.

(   )

10 온조가 자리를 잡고 백제를 세운 곳은 어디인가요? (   )

① 위례성   ② 미추홀
③ 사로국   ④ 국내성
⑤ 금성

11 다음 내용은 무엇에 대한 설명인가요?

- 신라 진흥왕 때 만들어졌다.
- 귀족출신의 청소년(화랑)으로 조직된 단체이다.
- 몸과 마음을 수련하여 사회발전에 도움이 되고자 하였다.

(제도   )

12 한강유역을 차지한 신라가 벌인 외교정책은 무엇인가요? (   )

> 신라는 고구려의 위협과 백제의 공격으로 여러 영토를 잃고, 어려움에 부닥쳐 있었다.

① 고구려와 연합해서 백제를 물리쳤다.
② 백제의 계백 장군에게 항복하였다.
③ 당나라와 연합을 하였다.
④ 수나라에 도움을 청하였다.
⑤ 발해와 연합을 하여 고구려를 물리쳤다.

13 발해의 유물들을 통해서 알 수 있는 사실은 무엇인가요? (   )

① 발해는 당나라의 문화를 받아들였다.
② 고구려의 문화를 계승하려는 의식이 뚜렷하였다.
③ 신라의 문화를 계승하였다.
④ 일본문화의 영향을 많이 받았다.
⑤ 말갈족을 멀리하여 분쟁을 일으켰다.

14 고구려나 신라의 건국 설화에서 찾을 수 있는 공통점은 무엇인가요?

(   )

(역사) 세 번째 이야기_ 고려 이야기

15 태조 왕건이 남긴 '왕권을 안정시키기 위해 후손들이 지켜야 할 10가지 교훈'을 무엇이라 하나요?

(   )

16 고려가 발달한 문화를 받아들이기 위해 가장 활발하게 교류한 나라는 어디인가요? (   )

① 거란   ② 몽골   ③ 여진
④ 일본   ⑤ 송나라

17 고려 때, 거란의 1차 침입과 관계가 <u>없는</u> 것은 어느 것인가요? (   )

① 송나라와의 친분에 불만을 품고 거란이 침입했다.
② 압록강 동쪽에 성을 쌓고, 강동 6주를 설치했다.
③ 강감찬 장군이 귀주에서 큰 승리를 거두었다.
④ 고려의 영토가 더 넓어지게 되었다.
⑤ 서희의 담판으로 거란이 물러났다.

18 여진족을 정벌하기 위해 윤관이 조직한 부대 이름은 무엇인가요? (　　　)

① 삼별초　　　② 별무반
③ 좌별초　　　④ 우별초
⑤ 신의군

19 몽골의 침략에 대비하여 고려가 도읍을 강화도로 옮긴 까닭은 무엇인가요?

(　　　　　　　　　　　　　　　　)

20 삼별초 항쟁의 역사적 의의는 무엇인가요? (　　　)

① 몽골군에게 굴하지 않는 꿋꿋한 기상을 보여주었다.
② 도적을 막아 나라를 안정시켰다.
③ 여진족을 물리치는데 앞장을 섰다.
④ 개경으로 도읍지를 옮기는데 도움을 주었다.
⑤ 몽골의 도움을 받아 거란을 물리쳤다.

(역사) 네 번째 이야기_ 조선의 건국과 조선 시대 이야기

21 이성계가 요동 정벌을 반대한 4대불가론에 해당하지 <u>않는</u> 것은 어느것인가요? (   )

① 명나라는 친분이 있어 도움이 많이 된다.
② 작은 나라가 큰 나라를 치는 것은 옳지 않다.
③ 농사일로 바쁜시기에 군사를 움직이는 것은 부적당하다.
④ 요동정벌을 나서는 사이 왜구가 쳐들어올 것이다.
⑤ 장마철이라 활을 무기로 사용하기 어렵다.

22 다음은 무엇에 대한 설명인가요?

> 요동정벌을 위해 군사를 이끌고 북쪽으로 향하던 이성계가 위화도에서 군사를 돌려 개경을 점령하고 정변을 일으켜 권력을 장악하였다.

(   )

23 조선 시대 인재를 등용하여 학문을 연구하던 기관은 어디인가요? (   )

① 의창　　　　② 집현전　　　　③ 규장각
④ 혜민서　　　⑤ 성균관

24 세종대왕의 '훈민정음' 창제는 백성들의 생활에 어떤 영향을 미치게 되었나요? 두 가지 고르세요. (,   )

① 백성들도 글을 쓸 수 있게 되었다.
② 양반들이 한문을 배척하게 되었다.
③ 중국이 한문을 사용하지 못하게 하였다.
④ 민족문화와 인쇄술이 발달하는 계기가 되었다.
⑤ 일본이 한글을 가져다 사용하였다.

25 임진왜란이 일어나기 전 나라의 상황으로 알맞지 <u>않은</u> 것은 어느 것인가요?
(   )

① 일본은 조선에게 명나라로 가는 길을 내달라고 요구하였다.
② 당파싸움으로 혼란스러웠다.
③ 일본에 사신을 보내 상황을 확인하고 오게 하였다.
④ 오랜 평화로 국방을 소홀히 하였다.
⑤ 왜구의 침략에 대비하고 있었다.

26 임진왜란의 전세를 역전하는 계기가 된 3대첩을 쓰세요.

(,   ,   )

27 다음에서 설명하는 영조의 정책은 무엇인가요?

> 당파 싸움을 해소 하고 국론을 통일하기 위해 당파를 초월하여 인재를 고루 뽑아 관리로 등용하게 하였다.

( )

28 일본이 우리나라의 외교권을 강제로 빼앗아 간 조약은 무엇인가요? ( )

① 강화도 조약
② 을사조약
③ 헤이그 특사 조약
④ 갑오개혁 조약
⑤ 갑신정변 조약

(역사) 다섯 번째 이야기 _ 가까운 역사 이야기

29 3·1운동이 우리 민족에게 미친 영향으로 알맞지 않은 것은 어느 것인가요?

( )

① 우리 민족에게 독립에 대한 의지를 다지게 했다.
② 우리나라의 독립의지를 전 세계에 알렸다.
③ 대한민국 임시정부를 세우고, 독립군을 만들었다.
④ 일본이 항복하고 친분을 유지 하였다.
⑤ 다른 나라의 독립운동에도 영향을 미쳤다.

30 민족대표 33인이 만들어 1919년 3월 1일 파고다공원에서 낭독한 이것은 무엇인가요?

> 우리는 여기에 우리 조선이 독립된 나라인 것과 조선 사람이 주인임을 선언하노라. 이것을 세계 모든 나라에 알려 인류가 평등하다는 큰 뜻을 밝히며……. (생략)

(   )

31 나라 안팎의 독립운동 단체를 하나로 통합하여 1919년 4월 13일 중국 상해에 수립한 것은 무엇인가요?

(   )

32 1997년 외환위기(IMF)를 극복하기 위해 우리가 한 일을 두 가지 고르세요.

(,   )

① 금 모으기 운동   ② 아나바다 운동   ③ 새마을 운동
④ 민주화 운동   ⑤ 국채 보상 운동

33 고갈되는 자원을 대체하기 위해, 기존의 화석 연료를 재활용하거나 태양, 바람, 생물 유기체 등과 같은 재생 가능한 에너지를 변환시켜 이용하는 에너지를 무엇이라 하나요?

(에너지)

문화편

(문화) 첫 번째 이야기 _ 우리나라 대한민국

34 머리말에서 문화란 무엇이라고 했나요?

( )

35 태극기의 4개의 괘 중 '하늘'을 상징하는 것은 무엇인가요? ( )

① 건　　　② 곤　　　③ 감
④ 리　　　⑤ 조화

36 애국가에 대한 설명으로 알맞지 <u>않은</u> 것은 어느 것인가요? ( )

① 우리나라를 상징하는 노래이다.
② 작사자가 안익태 선생이다.
③ 1948년 '국가'로 지정되었다.
④ 나라 사랑하는 마음을 일깨워 주고자 작곡하였다.
⑤ '나라를 사랑하는 마음으로 국민이 부르는 노래'라는 뜻이 담겨 있다.

37 경사로운 날을 축하하기 위하여 국가에서 법으로 정하고 온 국민이 기념하는 날을 무엇이라 하나요?

(   )

38 다음 중 국경일이 아닌 것은 어느 것인가요? (   )

① 삼일절 (3월 1일)　　　　② 제헌절 (7월 17일)
③ 광복절 (8월 15일)　　　④ 한글날 (10월 9일)
⑤ 현충일 (6월 6일)

(문화) 두 번째 이야기 - 우리 선조들의 생각

39 우리나라 3대 명절을 모두 고르세요. (,   ,   )

① 설　　　　② 단오　　　　③ 정월 대보름
④ 추석　　　⑤ 동지

40 단옷날에 공연되는 것이 아닌 것은 어느 것인가요? (   )

① 강릉 단오제　　② 봉산탈춤　　③ 송파 산대놀이
④ 양주 별산대놀이　⑤ 북청 사자놀이

41 대표적인 세시 음식으로 바르게 짝지어진 것은 어느 것인가요? (   )

① 설 – 송편
② 정월 대보름 – 오곡밥, 나물
③ 단오 – 떡국
④ 동지 – 수리치떡
⑤ 추석 – 팥죽

42 명절이나 절기에 따라 그 계절에 나는 재료를 이용하여 만들어 먹는 음식을 무엇이라 하나요?

(   )

43 정월 대보름과 관계가 <u>없는</u> 것은 어느 것인가요? (   )

① 음력 1월 15일이다.
② 오곡밥을 먹고, 부럼을 깨며 건강을 기원했다.
③ 일 년 중 달이 가장 둥글고 크게 보이는 날이다.
④ 지신밟기, 줄다리기, 연날리기 등을 하였다.
⑤ 창포 삶은 물로 머리를 감았다.

44 다음은 정몽주의 '단심가'입니다. 무엇과 관련이 있나요? (   )

> 이 몸이 죽고 죽어 일백 번 고쳐 죽어
> 백골이 진토 되어 넋이라도 있고 없고
> ㉠님 향한 일편단심이야 가실 줄이 이시랴

① 효성　　　② 건강　　　③ 충성
④ 상부상조　⑤ 예절

45 정몽주의 '단심가'에서 ㉠님은 누구를 의미하나요?

(　　　　　　　　　)

46 조선 세조가 단종을 내쫓고 왕위에 오르자, 옳지 않은 일임을 끝까지 지적하고 단종의 복위를 꾀하다가 처형된 여섯 명의 충신을 무엇이라 불렀나요?

(　　　　　　　　　)

47 '사육신'에 해당하지 <u>않는</u> 사람은 누구인가요? (   )

① 박팽년　　② 성삼문　　③ 하위지
④ 신숙주　　⑤ 유성원

48 조선 시대에 향촌 사회의 상부상조와 질서 유지를 위해 마련한 자치 규약으로 '좋은 일은 서로 권하고, 잘못은 서로 바로잡아 주며, 이웃이 어려움에 빠졌을 때 서로 도와주었던' 규약은 무엇인가요? (   )

① 향약　　　　　② 두레　　　　　③ 품앗이
④ 계　　　　　　⑤ 동제

49 일상생활과 힘든 노동을 생각이나 느낌 그대로 표현한 노래로 악보도 없으며 입에서 입으로 전해진 노래를 무엇이라고 하나요?

(   )

50 북, 장고, 꽹과리, 징 등 4가지 악기로 어우러져 연주하는 우리의 전통 음악을 무엇이라 하나요?

(   )

(문화) 세 번째 이야기 – 우리 선조들의 생활모습

51 남자가 예의를 갖추어야 할 때나 외출할 때 반드시 입어야 하는 전통 한복은 무엇인가요? (   )

① 조끼　　　　　② 저고리　　　　③ 마고자
④ 두루마기　　　⑤ 갖신

52 김치의 우수성에 대한 설명으로 알맞지 <u>않은</u> 것은 어느 것인가요? (　　　)

① 유산균, 비타민 등을 섭취할 수 있게 해준다.
② 섬유소가 있어 변비를 예방한다.
③ 콜레스테롤 수치를 낮추어 성인병을 예방한다.
④ 암과 비만을 예방한다.
⑤ 메주를 이용하여 만든 발효식품이다.

53 아궁이에 땐 불로 구들을 데워 방을 따뜻하게 하는 우리의 전통 난방방식을 무엇이라 하나요?

(　　　　　　　　　　　)

54 한옥의 특징을 잘못 설명한 것은 어느 것인가요? (　　　)

① 기둥으로 지붕과 건물 전체를 지탱한다.
② 자연에서 쉽게 구할 수 있는 돌과 나무를 사용했다.
③ 아름다운 모양과 무늬로 독특한 멋을 부렸다.
④ 추운 북쪽 지방에서는 마루가 발달하였다.
⑤ 벽을 흙으로 만들어 습도를 조절하였다.

55 한옥에서 바닥이 지면으로부터 떨어져 있어 통풍이 잘되어 더운 여름에 쉴 수 있게 한 공간을 무엇이라 하나요?

(　　　　　　　　　　　　　)

(문화) 네 번째 이야기 – 자랑스러운 한국, 한국인

56 나라를 위해 목숨을 바친 분들의 영령이 잠들어 있는 곳은 어디인가요? (　　　)

① 현충사　　　② 현충원　　　③ 독립 기념관
④ 추모공원　　⑤ 납골당

57 세계 4대 스포츠 대회에 해당하지 않는 것은 어느 것인가요? (　　　)

① 하계 올림픽　　　　　　② 동계 올림픽
③ 세계 수영 선수권 대회　④ 월드컵
⑤ 세계 육상 선수권 대회

58 고등학교 때 에세이 경시대회에서 수상함으로써 비스타(VISTA) 프로그램에 초대받아, 미국을 방문해 존 F. 케네디 대통령을 잠시 만난 경험을 계기로 외교관이 되기로 하고, 열심히 노력하여 결국 UN 사무총장이 된 사람은 누구인가요?

(　　　　　　　　　　　　　)

59 산과 바다를 중심으로 규모가 크고 경관이 뛰어난 곳을 골라서 자연을 보호하고, 국민들이 쉴 수 있게 나라에서 정하여 관리하는 공원을 무엇이라고 하나요?

( )

60 우리나라 보물 1호는 무엇인가요?

( )

61 세계 여러 나라의 유산을 지정해서 보호하고 계승하려고 노력하는 곳은 어디인가요? ( )

① 유네스코(UNESCO) ② 유엔(UN)
③ 그린피스(GREE PEACE) ④ 유니세프(UNICEF)
⑤ 아이엠에프(IMF)

62 조선 25대 왕조를 왕이 죽으면 그다음 왕 때 기록한 것으로 세계기록 문화유산에 등재된 것은 무엇인가요? ( )

① 승정원일기 ② 직지심체요절
③ 조선 왕조 의궤 ④ 조선 역사
⑤ 조선왕조실록

63 종묘에 대해 잘못 말한 것은 어느 것인가요? (   )

① 조선 시대 역대 왕과 왕비의 신주를 모셔 놓은 곳이다.
② 우리나라에서 가장 긴 목조 건물이다.
③ 정전 마당 가운데 검은색 기와와 벽돌로 만든 길은 왕과 왕비만 다닐 수 있던 길이다.
④ 조선 27대 왕의 신위 25개가 모셔져 있다.
⑤ 화려한 단청과 장식을 찾아볼 수 없는 것이 특징이다.

64 정약용이 수원 화성을 지을 때 사용한 것으로, 무거운 돌을 쉽게 끌어 올릴 수 있도록 설계한 것은 무엇인가요?

(   )

65 백운 스님이 부처님과 먼저 살다 돌아가신 스님들의 말씀을 적은 책으로, 세계 최초로 금속 활자로 인쇄된 책은 무엇인가요? (   )

① 직지심체요절
② 무구정광대다라니경
③ 해인사 대장경판
④ 화엄경
⑤ 구텐베르크

한 권으로 배우는 한국의

정답

역사와 문화
이야기

정답풀이

1 역사란 '과거와 현재의 끊임없는 대화'이다.　2 ④　3 ③　4 ④

5 널리 인간을 이롭게 한다.　6 ①, ②, ⑤　7 ①, ③　8 ③

9 '여 수장 우중문 시'　10 ①　11 화랑제도　12 ③　13 ②

14 공통점 : 주몽, 박혁거세 모두 알에서 태어났다.　15 훈요 십조　16 ⑤

17 ③　18 ②　19 내륙국가인 몽골이 바다싸움에 약한 점을 이용하기 위해

20 ①　21 ①　22 위화도 회군　23 ②　24 ①,④　25 ⑤

26 한산도대첩, 진주대첩, 행주대첩　27 탕평책　28 ②　9 ④

30 독립선언서　31 대한민국 임시정부　32 ①,②　33 신·재생 에너지

34 문화란 사람들이 생각하고 생활하는 모든 것을 말한다.

35 ①　36 ②　37 경축일　38 ⑤　39 ①,②,④　40 ⑤　41 ②

42 세시음식　43 ⑤　44 ③　45 임금님 (고려의 공양왕)

46 사육신　47 ④　48 ①　49 민요　50 사물놀이　51 ④

52 ⑤　53 온돌　54 ④　55 마루　56 ②　57 ③

58 반기문 사무총장　59 국립공원　60 흥인지문 (동대문)

61 ①　62 ⑤　63 ③　64 거중기　65 ①

1. 역사란 '과거와 현재의 끊임없는 대화'이다.

2. ④
해설 : 농사를 짓기 시작하면서 더는 이동이 필요 없어 한곳에 자리 잡고 생활하며 가축을 기르기 시작하였다.

3. ③
해설 : 고조선의 영역인 한반도 북쪽 지역과 중국의 동북쪽 지역에서 비파형 동검과 탁자 모양인 고인돌, 미송리식 토기가 많이 발견되었다.

4. ④
해설 : 고조선의 영역인 한반도 북쪽 지역과 중국의 동북쪽 지역에서 비파형 동검과 탁자 모양인 고인돌, 미송리식 토기가 많이 발견되었다.

5. 널리 인간을 이롭게 한다.

6. ①, ②, ⑤
해설 : '남의 물건을 훔친 자는 노예로 삼는다. 그 죄를 면하기 위해서는 50만 전을 내놓아야 한다.'의 조항을 통해 고조선 사회는 사유재산제도(개인의 재산)와 화폐(돈)를 사용했으며, 노예가 존재하는 계급 사회였다는 것을 알 수 있다.

7. ①, ③
해설 : 옛날 사람들은 오래전부터 고조선을 우리나라에 세워진 최초의 국가로 여겼다. 고조선을 세운 사람이 단군왕검이라고 생각해 왔다.

8. ③
해설 : 광개토대왕으로 우리나라 역사상 가장 강하고, 넓은 나라를 건설한 위대한 왕이다.
③의 대가야를 정복한 왕은 신라 시대의 진흥왕이다.

9. '여 수장 우중문 시'
해설 : 을지문덕 장군이 수나라 장수 우중문과 우문술에게 보낸 시이다.

10. ①
해설 : 한강 유역으로 남쪽으로는 기름진 들판, 동쪽으로는 험준한 산, 서쪽으로는 바다가 있는 위례성을 도읍지로 정했다.

11. 화랑제도
해설 : 화랑제도는 신라 진흥왕 때 만들어진 귀족 출신의 청소년 조직단체이다.

12. ③
해설 : 신라와 당나라는 서로 연합하여 고구려와 백제를 물리쳤다.

13. ②
해설 : 고구려 문화를 바탕으로 다른 나라 문화를 받아 들였다. 예) 발해 돌사자상, 무덤

14. 주몽, 박혁거세 모두 알에서 태어났다.
해설 : 나라를 세운 지도자는 특별한 존재로, 백성들이 존경하고 따라야 함을 강조하기 위해서이다.

15. 훈요 십조
해설 : 태조는 왕권을 안정시키기 위해 후손들과 대신들이 지켜야 할 '훈요 십조'를 남겼다.

16. ⑤
해설 : 고려는 송나라의 발달한 문물을 적극 받아들이고, 제도를 정비하여 발전해 나갔다.

17. ③
해설 : 강감찬 장군이 귀주에서 거란군을 크게 무찌른 건 3차 침입 때의 일이다.

18. ②
해설 : 별무반은 신기군, 신보군, 항마군으로 조직된 특별부대이다.
* 삼별초 : 도적을 막기 위해 만든 부대로, 몽골과의 전쟁에서 대항하였다.

19. 내륙국가인 몽골이 바다싸움에 약한 점을 이용하기 위해

20. ①

21. ①
해설 : 명나라는 철령 이북지역에 '철령위'를 설치하여 직접 다스리겠다고 주장을 해서 불편한 관계가 되었다.

22. 위화도 회군
해설 : 요동정벌을 반대하던 이성계는 위화도에서 비가 와서 강을 건너지 못하자, 군사를 돌려 개경을 점령하였다.

23. ②
해설 : 집현전은 조선 시대 학문을 연구하는 기관으로 성삼문, 신숙주 등이 있었다.

24. ①, ④
해설 : 백성들도 글을 쓸 수 있게 되고, 고유한 글자를 갖게 되면서 인쇄술이 발달하게 되었다.

25. ⑤
해설 : 일본에 사신을 보내 상황을 확인하고 오게 하였으나, 전쟁에 대비하자는 주장과 반대의 주장이 엇갈리는 사이 대비를 하지 못하고 임진왜란을 맞이했다.

26. 한산도대첩, 진주대첩, 행주대첩
해설 : 3대첩은 임진왜란의 전세를 역전하는 계기를 마련해 준 전투이다.

27. 탕평책
해설 : 영조는 당파싸움을 막고, 왕권 강화를 위해 탕평책을 실시하였다.

28. ②
해설 : 1905년, 고종 황제의 거부에도 일본에 외교권을 빼앗기는 을사조약이 강제로 맺어졌다.

29. ④

30. 독립선언서
해설 : 민족대표 33인이 파고다 공원에 모여 독립선언서를 낭독하였다.

31. 대한민국 임시정부
해설 : 통합된 정부만이 효과적인 독립운동을 할 수 있다고 생각한 안 창호 선생의 주장으로 상해를 중심으로 '대한민국 임시정부'가 수립되었다.

32. ①, ②

33. 신·재생 에너지
해설 : 고갈의 염려가 적고 재생한 가능한 자원으로 태양, 지열, 바이오 에너지 등이 있다.

34. 문화란 사람들이 생각하고 생활하는 모든 것을 말한다.

35. ①
해설 : '건'은 하늘을, '리'는 불을, '곤'은 땅을, '감'은 물을 각각 상징합니다.

36. ②
해설 : 작사자는 알려지지 않았으며, 작곡가가 안익태 선생이다.

37. 국경일
해설 : 국경일에는 삼일절, 제헌절, 광복절, 개천절, 한글날이 있습니다.

38. ⑤
해설 : 현충일은 국가 기념일이다.

39. ①,②,④
해설 : 우리나라 3대 명절은 설, 단오, 추석입니다.

40. ⑤
해설 : 북청 사자놀이는 정월 대보름에 하는 놀이입니다.

41. ②
해설 : 설 – 떡국, 정월 대보름 – 오곡밥, 나물, 단오 – 수리치 떡, 추석 – 송편, 동지 – 팥죽

42. 세시 음식
해설 : 제철 재료를 사용하여 만든 전통 음식으로 건강에 도움이 되었다.

43. ⑤
해설 : 창포 삶은 물에 머리 감기는 단오에 하는 행사이다.

44. ③

45. 임금님 (고려의 공양왕)
해설 : 단심가는 정몽주의 충심 절개를 표현한 것으로 임은 임금(고려의 공양왕)을 뜻한다.

46. 사육신
해설 : 단종을 복위시키고자 세조를 암살하려 하다 발각되어 목숨을 잃은 사람들로 성삼문, 박팽년, 하위지, 이개, 유성원, 유응부를 일컫습니다.

47. ④
해설 : 단종을 복위시키고자 세조를 암살하려 하다 발각되어 목숨을 잃은 사람들로 성삼문, 박팽년, 하위지, 이개, 유성원, 유응부를 일컫습니다.

48. ①

49. 민요
해설 : 대표적인 민요로는 아리랑과 도라지타령이 있습니다.

50. 사물놀이

51. ④
해설 : 두루마기는 예의를 갖추거나 외출 시 반드시 입어야 하는 예복입니다.

52. ⑤
해설 : 김치는 채소를 소금에 절인 다음 다른 양념을 넣어 발효시킨 전통식품입니다.

53. 온돌
해설 : 아궁이에 불을 때 방바닥에 깐 돌이 데워져 방을 따뜻하게 하는 난방장치입니다.

54. ④
해설 : 추운 북쪽 지방에서는 온돌, 더운 남쪽 지방에서는 마루가 발달하였습니다.

55. 마루

56. ②

57. ③
해설 : 세계 4대 스포츠대회는 하계 올림픽, 동계 올림픽, 월드컵, 세계 육상 선수권 대회입니다.

58. 반기문

59. 국립공원

60. 흥인지문(동대문)
해설 : 국보 1호는 숭례문(남대문)입니다.

61. ①
해설 : 유네스코는 국제연합 과학 문화기구입니다.

62. ⑤
해설 : 조선 왕조를 다스린 왕은 모두 27명인데 《조선왕조실록》에는 25명의 임금에 관한 기록만 남아 있습니다. 빠진 왕은 제26대 고종과 제27대 순종입니다.

63. ③
해설 : 정전 마당 가운데 검은색 기와와 벽돌로 만든 길은 신로라고 하며 돌아가신 왕과 왕비의 영령들만 다니는 길입니다.

64. 거중기
해설 : 도르레를 이용하여 무거운 돌을 쉽게 끌어 올릴 수 있도록 설계하여 수원 화성을 쌓는 일을 쉽게 할 수 있었습니다.

65. ①
해설 : 무구정광대다라니경은 현재까지 알려진 것으로는 세계 최초의 목판인쇄물입니다.